"十二五"国家重点图书出版规划项目

文化系列

古代谍战史话

A Brief History of Ancient Espionage

熊剑平 著

社会科学文献出版社
SOCIAL SCIENCES ACADEMIC PRESS (CHINA)

总　序

　　中国是一个有着悠久文化历史的古老国度，从传说中的三皇五帝到中华人民共和国的建立，生活在这片土地上的人们从来都没有停止过探寻、创造的脚步。长沙马王堆出土的轻若烟雾、薄如蝉翼的素纱衣向世人昭示着古人在丝绸纺织、制作方面所达到的高度；敦煌莫高窟近五百个洞窟中的两千多尊彩塑雕像和大量的彩绘壁画又向世人显示了古人在雕塑和绘画方面所取得的成绩；还有青铜器、唐三彩、园林建筑、宫殿建筑，以及书法、诗歌、茶道、中医等物质与非物质文化遗产，它们无不向世人展示了中华五千年文化的灿烂与辉煌，展示了中国这一古老国度的魅力与绚烂。这是一份宝贵的遗产，值得我们每一位炎黄子孙珍视。

　　历史不会永远眷顾任何一个民族或一个国家，当世界进入近代之时，曾经一千多年雄踞世界发展高峰的古老中国，从巅峰跌落。1840年鸦片战争的炮声打破了清

帝国"天朝上国"的迷梦,从此中国沦为被列强宰割的
羔羊。一个个不平等条约的签订,不仅使中国大量的白
银外流,更使中国的领土一步步被列强侵占,国库亏
空,民不聊生。东方古国曾经拥有的辉煌,也随着西方
列强坚船利炮的轰击而烟消云散,中国一步步堕入了半
殖民地的深渊。不甘屈服的中国人民也由此开始了救国
救民、富国图强的抗争之路。从洋务运动到维新变法,
从太平天国到辛亥革命,从五四运动到中国共产党领导
的新民主主义革命,中国人民屡败屡战,终于认识到了
"只有社会主义才能救中国,只有社会主义才能发展中
国"这一道理。中国共产党领导中国人民推倒三座大
山,建立了新中国,从此饱受屈辱与蹂躏的中国人民站
起来了。古老的中国焕发出新的生机与活力,摆脱了任
人宰割与欺侮的历史,屹立于世界民族之林。每一位中
华儿女应当了解中华民族数千年的文明史,也应当牢记
鸦片战争以来一百多年民族屈辱的历史。

当我们步入全球化大潮的21世纪,信息技术革命迅
猛发展,地区之间的交流壁垒被互联网之类的新兴交流
工具所打破,世界的多元性展示在世人面前。世界上任
何一个区域都不可避免地存在着两种以上文化的交汇与
碰撞,但不可否认的是,近些年来,随着市场经济的大
潮,西方文化扑面而来,有些人唯西方为时尚,把民族
的传统丢在一边。大批年轻人甚至比西方人还热衷于圣

诞节、情人节与洋快餐，对我国各民族的重大节日以及中国历史的基本知识却茫然无知，这是中华民族实现复兴大业中的重大忧患。

中国之所以为中国，中华民族之所以历数千年而不分离，根基就在于五千年来一脉相传的中华文明。如果丢弃了千百年来一脉相承的文化，任凭外来文化随意浸染，很难设想 13 亿中国人到哪里去寻找民族向心力和凝聚力。在推进社会主义现代化、实现民族复兴的伟大事业中，大力弘扬优秀的中华民族文化和民族精神，弘扬中华文化的爱国主义传统和民族自尊意识，在建设中国特色社会主义的进程中，构建具有中国特色的文化价值体系，光大中华民族的优秀传统文化是一件任重而道远的事业。

当前，我国进入了经济体制深刻变革、社会结构深刻变动、利益格局深刻调整、思想观念深刻变化的新的历史时期。面对新的历史任务和来自各方的新挑战，全党和全国人民都需要学习和把握社会主义核心价值体系，进一步形成全社会共同的理想信念和道德规范，打牢全党全国各族人民团结奋斗的思想道德基础，形成全民族奋发向上的精神力量，这是我们建设社会主义和谐社会的思想保证。中国社会科学院作为国家社会科学研究的机构，有责任为此作出贡献。我们在编写出版《中华文明史话》与《百年中国史话》的基础上，组织院内外各研究领域的专家，融合近年来的最新研究，编辑出版大型历史知识系列丛书——《中国史话》，其目的就在于为广大人民群众尤其是青少年提供一套较为完整、准确地介绍中国历史和传统文化的普及类系列丛书，从而使生活在信息时代的人们尤其是青少年能够了解自己祖先的历史，在东西南北文化的交流中由知己到知彼，善于取人之长补己之短，在中国与世界各国愈来愈深的文化交融中，保持自己的本色与特色，将中华民族自强不息、厚德载物的精神永远发扬下去。

《中国史话》系列丛书首批计200种，每种10万字左右，主要从政治、经济、文化、军事、哲学、艺术、科技、饮食、服饰、交通、建筑等各个方面介绍了从古至今数千年来中华文明发展和变迁的历史。这些历史不仅展现了中华五千年文化的辉煌，展现了先民的智慧与创造精神，而且展现了中国人民的不屈与抗争精神。我们衷心地希望这套普及历史知识的丛书对广大人民群众进一步了解中华民族的优秀文化传统，增强民族自尊心和自豪感发挥应有的作用，鼓舞广大人民群众特别是新一代的劳动者和建设者在建设中国特色社会主义的道路上不断阔步前进，为我们祖国美好的未来贡献更大的力量。

陈奎元

2011 年 4 月

出版说明

　　自古至今，始终坚持不懈地从漫长的文明进程中不断总结历史经验教训，从中汲取有益营养，从而培植广阔的历史视野，并具有浓厚的历史意识，这是我们中国文化独有的鲜明特征，中华民族亦因此而以悠久的"重史"传统著称于世。在整个人类文明史上独一无二、系统完备的"二十四史"即证明了这一点。

　　中华人民共和国成立后，历史知识普及工作被放到十分重要的位置。20世纪五六十年代，著名历史学家吴晗主持编写的《中国历史小丛书》，90年代中国社会科学院院长胡绳组织编写的《中华文明史话》和《百年中国史话》，成为"大家小书"的典范，而后两套历史知识普及丛书正是《中国史话》之缘起。

　　2010年年初，为切实贯彻中央关于"做好历史知识普及工作"的指示精神，同时也为了更好地弘扬中国传统文化，我们对《中华文明史话》和《百年中国史话》

两套丛书的内容进行了修订和增补，重新设计框架，以"中国史话"为丛书名出版。第十一届全国政协副主席、时任中国社会科学院院长陈奎元亲任《中国史话》一期编委会主任，时任中国社会科学院副院长武寅任编委会副主任。正是有了各级领导的关心支持和诸多学术名家的积极参与，《中国史话》一期200种图书得以顺利出版，并广受好评。

《中国史话》丛书的诞生，为历史知识普及传播途径的发展成熟，提供了一种卓具新意的形式。这种形式具有以通俗表述、适中篇幅和专题形式展现可靠历史知识的特征。通俗、可靠、适中、专题，是史话作品缺一不可的要素，也是区别于其他所有研究专著、稗官野史、小说演义类历史读物的独有特征。

囿于当时条件，《中国史话》一期的出版形式不尽如人意，其内容更有可以拓展的广阔空间，为此2013年4月我们启动了《中国史话》二期出版工作。《中国史话》二期分为经济、政治、文化、社会和生态五大系列，拟对中国各区域、各行业、各民族等的发展历史予以全方位介绍。我们并将在适当时机，启动《世界史话》的出版工作。史话总规模将达数千种。

我们愿携手海内外专家学者，将《中国史话》《世界史话》打造成以现代意识展现全部人类历史和人类文明，集学术性、知识性、趣味性于一体的"万有文库"；并将承载如此丰厚内容的史话体写作与出版努力锻造成新时期独具特色的出版形态。

希望史话丛书能在形塑民族历史记忆、汲取人类文明精华、培育现代国民方面有所贡献，并为广大读者所喜爱。

史话编辑部
2014 年 6 月

目录
Contents

序

对于间谍，人们一直有着两种截然相反的认识。以儒家为代表，他们看不起间谍，认为间谍就是那种鬼鬼祟祟、整天和阴谋诡计打交道的人。比如宋代王应麟、明代茅坤等学者认为，把伊尹和吕尚这些他们所推崇的圣人认作间谍，简直就是"诬圣贤"之举。而以孙子为代表的兵家，他们充分认识到间谍对战争所起到的作用，非但不排斥间谍，甚至主张要以"上智之人"担任间谍。孙子曾说："明君贤将，能以上智为间者，必成大功。"这句话非常简洁地阐明了间谍对战争所起到的作用。

在中国古代社会，儒家思想长期占据要津。儒家习惯以仁义道德品评人物，而且已形成悠久传统，甚至仍在影响着今人对间谍的认识。其实，儒家对于间谍的轻视明显带有片面性。如果战争现象为人类社会所无法避免，那么间谍便有存在的理由。人们习惯将战争分为正义和非正义，间谍也可有仁与不仁之分。如果说战争是人类成长所必须付出的代价的话，总有间谍力图通过自己的努力，使得这种代价变得更小。因此，我们需要对间谍及其作用有一个较为客观的认识。

孙子说："三军之事，莫亲于间。"间谍虽不一定亲赴战场，却因为比一般将领更早接触军事机密，更早了解战争内情，更早进入战争场景，所以成为对硝烟最为敏感、对生死体味最深的那一群人。一些间谍甚至因为掌握了大量机密情报、与统帅最为接近，从而部分充当起战争"导演"的角色，对于战争的发起、战争的进程，甚至是对战争的最终结果，都会产生相当大的影响力。这一点已经为古往今来无数次战争所证明。

中国古代的谍战有着悠久的历史。传说在夏代就已经出现了组织严密的间谍活动，到了商周时期，伊尹和吕尚亲自担任间谍，谍战谋略有了新的发展。春秋战国时期，列国分治、你争我夺的局面，迫使各路诸侯都高度关注局势演变，高度重视收集敌情，间谍战几乎贯穿整个乱世。与之相应的是，谍战理论也于此时取得飞速发展，著名兵书《孙子兵法》甚至辟有专篇系统讨论用间术，这便是《用间篇》。除此之外，《六韬》《尉缭子》等兵书也深入探讨了谍战理论。

汉唐时期，统治者为了巩固边防、拓展疆域，派遣使者出使西域，开展军政外交工作，同时打探匈奴和突厥等游牧部落的情况以及山川地理形势，以期在对抗中占得先机。张骞等人既是外交使节，同时也是战略间谍。魏晋南北朝乱世之时，更是出现很多精彩的谍战案例，其中石勒、韦孝宽等人所展示的谍战谋略尤其值得关注。当然，从总体上来看，汉唐时期的谍战理论比先秦时期有所退步，值得一提的似乎只有唐代李筌对"探心术"的研究和《李卫公问对》中对用间得失的讨论等。

到了宋朝，北方游牧民族的长期侵扰中原，逼迫宋人重振兵学，《孙子》等7部兵学经典被立为兵经，政府开始设立武经博士，《武经总要》等论兵之作纷纷诞生。随着兵学研究的深入，相关谍报理论也相应地提升到一个新的水平。在这股研习兵学的热潮中，苏洵、苏辙等文人也开始积极讨论谍战理论，反映出此时谍战理论和谍战谋略的新发展。在与辽、金的长期对峙过程中，隐秘战线的情报活动也达到了一个高峰期，宋太祖赵匡胤和名将岳飞等人，都为后人留下了非常精彩的谍战案例。

明朝吸取元朝政制松散的教训，政权越来越趋于专制，臭名昭著的特务统治畸形发展，以严密监控为特征的间谍手段被大量用来对付普通臣民。清王朝建立后，这种做法也被承袭下来。然而，清朝统治者对臣民的严密监控，只是色厉内荏，既不能阻止民众的反抗，更不能阻止外族的窥伺和侵略。英、法、俄、日等帝国主义列强先后对中国发动了一系列谍战，继之使用武力对贫弱的中国进行瓜分。当西方的谍战技术伴随着科学技术的飞速发展而突飞猛进之时，朱逢甲正在埋头用蝇头小楷撰写《间书》，恰可形成鲜明对比。《间书》堪称古代谍战理论的总结之作，却也能折射出我国古代谍战理论长时间的停滞不前。

一　先秦时期的谍战

人类战争起源久远，间谍活动亦然。远古时期，各部落之间为了争夺猎物等生存资源，不免会动用武力，乃至发生战争，间谍和情报侦察活动便应时而生。从《左传》等史籍中我们可以看到，夏朝可能已经有了组织严密且富有成效的间谍活动。借助于《史记》，我们则可以对伊尹和吕尚等人的间谍活动有着相对清晰的认识。到了春秋战国时期，列国分治、你争我夺的局面，迫使各路诸侯高度关注局势演变，高度重视收集敌情，间谍战由此贯穿整个乱世。与之相应的是，谍战理论也于此时取得飞速发展，著名兵书《孙子兵法》甚至辟有《用间篇》系统讨论用间术。战国时期的一些兵书，如《六韬》《尉缭子》等，也或多或少地探讨了谍战理论。

1　溯源：上古时期的谍战

清代研究间谍史的学者朱逢甲在《间书》中指出，我国历史上最早使用间谍的君主是夏代成功实现"中兴"的少康，而女艾则是最早的一位间谍，"女艾间浇"① 是中国历史上最早的间谍活动。这段历史虽然记载于《左传》，又在《尚书》和《楚辞》等古籍中得到印证，但毕竟存在于口耳相传的时代，因此有人相信，也有人不信。但是，既然是谍战溯源，不免需要对这段传说约略述及。

太康失国②之后，其子相也被寒浞杀害，相的妻子有孕在身，侥幸从墙洞逃回娘家，几个月后生下了少康。少康长大之后，发誓要报仇雪恨，夺回祖辈基业。为了打败寒浞，少康选派女艾担任间谍，刺杀寒浞的重要助手浇。女艾接受任务之后，先是在某个夜晚执行刺杀任务，结果空手而归。后来他努力打探浇的情况，得知浇会在一个名叫尚干的地方打猎，于是乔装打扮，扮作猎人的样子，带着得力随从和凶猛的猎狗在猎场埋伏。浇果然准时出现在猎场，女艾立即放出猎狗，将浇扑倒在地，迅速砍下其首级，完成了刺杀任务。不久，少康又寻机除掉寒浞另一个儿子豷，并抓住时机积极拉拢和收买夏的旧臣，号召他们一起讨伐寒浞，最终消灭了对手，夺回王位。少康即位之后，国力得到很大提升，史称"少康中兴"。

《左传》中说："（少康）使女艾谍浇"，其中一个"谍"

---

① 女艾，据《左传》杜预注，乃少康之臣。女，音 rú。浇，音 áo，乃寒浞之子。
② 夏启死后，其子太康继位。据说太康沉湎于声色酒食，不修政事，导致内部矛盾日趋尖锐，四夷背叛，东夷族有穷氏首领后羿乘机夺取政权，史称"太康失国"。

字，道明了女艾的身份：间谍。当然，《左传》虽说对这段历史有所记载，却是通过伍子胥之口说出，所以其中究竟有多大可信度仍是仁者见仁、智者见智，至于女艾是男是女，更是给后人留下猜想的空间。

虽然"女艾间浇"是否属实尚待进一步考证，但从中我们可以看出，使用暗杀这种间谍手段在我国有着悠久的历史。利用这种方式对敌方关键性人物进行刺杀，可以精确打击对方核心力量，付出的代价也相对较小，因而后世不断效仿。

"女艾间浇"，虽号称史上最早，但仍然有不少质疑者。相比之下，夏朝末期的伊尹行间，已经可以得到更多确信，诸如《史记》这样的重要史籍都对此事有较为明确的记载。

夏王朝到了末期，统治集团日渐腐朽，居住在黄河下游的商则悄然兴起，后来推翻夏王朝，建立商王朝。在商灭夏的过程中，谍战也起到了非常重要的作用。《孙子·用间篇》中说："殷之兴也，伊挚在夏。"其中的"伊挚"，就是伊尹。"伊尹在夏"说的是伊尹深入敌国担任战略间谍，大量收集军政情报。这些情报对商汤灭夏起到了非常重要的作用，故此孙子才会发出"殷之兴也，伊挚在夏"的感叹。

伊尹，生卒年不详，传为河南开封陈留人，本名挚，辅佐商汤取得鸣条之战的胜利，被视为我国古代第一位名相。据说伊尹曾经多次在夏和商之间徘徊，在经过反复比较之后，最终决定投奔商汤。他以"知味"为喻，建议商汤要像"调和五味"一样来治理国家。商汤由此得知伊尹的贤能，于是破格提拔他为相。伊尹建议汤不要急于用兵，而是一面发展自身实力，一面注意收集夏的军政情报，对夏王朝的政治动向和发展态势进行严密跟踪，力争把握住最佳用兵时机。

为了搞好敌情侦察，伊尹亲赴险地，收集情报。为了不使夏桀产生疑心，伊尹故意犯下大罪，然后负罪逃跑。到夏之后，伊尹以厨师的身份四处活动，多方刺探情报。他入夏3年，收集到大量军政情报乃至桀本人的生活秘闻，得知夏桀沉湎女色，宠信小人，不顾民众死活，使得"上下相疾、民心积怨"。汤在得到这些情报之后，对于灭夏有了更大的信心和决心。

随后，伊尹再次潜入夏朝，主要目的是更多地掌握夏桀的兵力部署和防线调整情况，所以，他此次选定夏桀所宠信的妃子妺喜作为用间对象。据《竹书纪年》，好色的夏桀因为得到了新宠而抛弃了妺喜，妺喜则因此而心生怨恨，所以这时应当是收买妺喜的一个好时机。

可以想见，伊尹一定在妺喜身上费尽心思，使出各种手段，妺喜才肯将夏朝的军力部署情况透露给他。据《吕氏春秋·慎大览》，妺喜悄悄告诉伊尹："天子梦西方有日，东方有日，两日相斗，西方日胜，东方日不胜。"据后人分析，妺喜这里所说的"东方"与"西方"、"胜"与"不胜"等，都是极具情报价值的暗语。这些暗语恰好提示了夏朝防务的虚实之处，从而为伊尹后来选择进攻方向和路线提供了重要的参照。

根据行间所得情报，伊尹制定了迂回进攻的策略。由妺喜所提供的情报可知，夏在与商接壤的边境集结了大量兵力，所以商汤的军队避开了这条防线，大队人马悄悄地一直往东进发。进攻路线的选择出乎所有人意料，同样大大出乎夏桀的意料，令其来不及做出反应和调整。此后，伊尹突然挥师西进，迂回至夏都。夏桀的军队来不及调整，即刻陷于混乱。双方军队一直缠斗，战至鸣条（今河南封丘东）附近时，又进行了一次决战，史称"鸣条之战"。决战之后，夏桀的军队被最终摧毁。汤成功覆灭夏朝，自此开始建立商王朝。

伊尹和商汤所指挥的灭夏之战，依靠出人意料的进攻路线而取胜，正是典型的"以迂为直"。当然，伊尹此前扎实的情报工作，也是他们制定战术和顺利取胜的一个关键因素。春秋末期著名军事家孙子把殷商的兴盛与伊尹的行间直接相为因果，充分说明了伊尹在商灭夏过程中所扮演的角色和所起到的作用。

伊尹假装得罪商汤，以获罪的名义逃离商汤，潜入敌国，可谓深谙谍战经营之术。此后历史上种种间谍派遣之法，诸如政治避难、苦肉计、逃亡等，莫不由此衍生。伊尹亲为间谍，有着显而易见的优势：一方面，他与商汤之间的这种垂直领导，并无其他中间环节，这有利于情报的保密和传输；另一方面，伊尹深具研判情报的能力，也使他在获得大量社情、军情后，能够及时地进行分析和研究，并以此为出发点，制定出切实可行的战略方针。

商代统治500余年之后，国势开始衰落，西北的周族趁势崛起，虽然当时力量相对处于劣势，但最终取而代之，建立了西周。这其中，吕尚所实施的谍战也起到了至关重要的作用。

吕尚是著名的政治家和军事家，在军事史上占有着重要地位。史称吕尚"多兵谋与奇计"，因此，后代言兵"皆宗太公为本"。姬昌起用吕尚的过程，历史上说法不一。其中影响最大的一种说法见诸《史记》，据说姬昌在渭水之滨遇到正在钓鱼的吕尚，认为他有治国之才，立即拜其为军师，掌管三军。

在吕尚的辅助下，姬昌确定灭商大计：首先是发展壮大自己，同时迷惑纣王，不让其察觉出姬周的意图；此外则是全面掌握殷商的政治、经济和军事情报，并且寻机策反商纣的羽翼，使纣王陷于孤立。

吕尚早年曾到过殷商之地，这使得他对商纣的军政概况有一些初步了解，但他还是巧妙部署间谍悄悄潜入殷商，打探商纣的核心机密。为了麻痹商纣，他制造大量假相，诱使其调整战略矛头，不与姬周为敌。

在吕尚的劝导下，文王立即在周原建立宗庙，祭祀商的先祖，以表示顺从。姬周还应允商王到周的辖区狩猎，以满足商王的口腹之欲。除此之外，吕尚还在国都建造玉门和灵台，安置大量侍女，每天撞钟击鼓取乐，竭力给纣王造成周王耽于女色、沉湎于享乐、不思进取的假相。纣王就此被迷惑，认为姬昌并无与商争夺天下的实力与志向，属无能之人。纣王从此把战略矛头瞄准东方诸侯，在西部防线仅投放了少量兵力。

东方诸侯是指东夷。吕尚认为，曾是殷商属国的东夷其实可以发展为殷商的敌对方，因此他决定去殷商大行间谍活动，策反东夷叛商，让他们加入到伐商的队伍中来，至少能分散商纣的注意力，打乱其兵力部署，为下一步周王伐商做好准备。

吕尚在东夷进行了一系列艰苦运作，成功地让东夷背叛商纣，站在周王一边，成为周灭商的同盟军。商纣震怒之余，不得不立即调整战略部署，以大量人力、物力对付东方之敌。在经过多年征讨之后，商纣终于使东夷再次臣服，但自己也是元气大伤，国势日渐衰落，甚至一蹶不振。

吕尚和周武王密切关注着从敌国传来的情报。起初，间谍送回的情报是殷商政坛混乱，邪恶之人受到重用，而贤良之人却被罢黜。武王和吕尚认为，此时还不是出兵良机。不久，他们又得知商朝百姓都因为畏惧纣王的刑罚，不敢开口评论政事了，便信心倍增。等他们获悉一干得力臣子都灰心地离开纣王这个无道昏君时，吕尚和武王认定伐纣的时机即将来临。

姬周在不知不觉中实现了实力上的巨大跃升，而殷商却在茫无头绪中迎来了一次致命内乱。由于王子比干的被杀和重臣箕子的被囚，商王朝的统治几近分崩离析。吕尚和武王认定时机已经到来，便准备发起最后一战。约在公元前1046年某个深夜，吕尚率领兵马，顶着暴风骤雨，悄悄地向殷商进发，最终完成了灭商的历史使命。

《孙子·用间篇》中有"周之兴也，吕牙在殷"一句，这至少说明"吕尚行间"被孙子认为是周兴商亡的关键。正是由于吕尚一系列谍战运作，姬周对殷商的国情、军情才有了充分了解，成功赢得发展实力的时间，从而为灭商奠定了基础。吕尚的行间和战略情报运作，使得对手错误地调整了战略方向，既消耗了对手实力，也令其不能兼顾东、西战线，终留下极其虚弱的防线，等着己方的乘势一击。

2 "变诈之兵并作"：谍战兴起

春秋时期，由于"礼崩乐坏"和周王室式微，各路诸侯渐渐坐大，渐而形成列国分治的局面，接着便是诸强争霸，纷争不已。这种你争我夺的局面，迫使各路诸侯都使用变诈之术。对此，《汉书·艺文志》中曾有很好的总结："自春秋至于战国，出奇设伏，变诈之兵并作。"在这种背景下，诸侯们都高度关注局势变化，非常重视收集情报，间谍战渐渐兴起。

春秋时期的争霸战争以晋楚相争为盛，几乎贯穿整个春秋。晋楚之间发生了多次大规模会战，交战双方都非常重视使用谍战搜集情报。

城濮之战中，面对占据优势兵力的楚军，晋文公处处谨慎，小心应付。先轸则是大量收集关于楚国的重要情报。他从逃往晋国的楚人口中得知：楚军虽然人数众多，但有很多临时拼凑的杂牌军，那些被迫跟随楚军前来参战的小国，并不能和楚军保持齐心协力；而楚军的精锐部队，比如若敖氏的军队，更是随时准备撤军。此外，先轸还得到一个重要情报：作为楚军主帅的子玉，性情刚烈，自以为是，骄傲自大，有着明显的弱点，可以用"怒而挠之"的策略击败他。

这时，由楚国出逃的王孙启进一步提供了一些重要情报。王孙启告诉先轸：这次实际上只有子玉一个人主战，楚王和他的意见并不一致，所以楚国军队中只有东宫和西广两支部队来参战；跟来的诸侯军队，也有半数背叛楚军，若敖氏也已经撤军了。按照这样的趋势，楚军的失败在所难免，晋文公也很快下定决心与楚军进行交战。

晋文公和先轸根据收集到的重要情报，尤其是利用对手狂妄自大的性格缺陷，兑现了承诺"退避三舍"，同时实施了"诱敌深入"的作战方略。同时，针对楚军内部不稳的情况，晋军采取了集中优势兵力各个击破的战法，首先攻打楚军的左军和右军。在战斗中，由陈、蔡军队所组成的右军被首先击溃，继后楚军左军也被击溃。由于左、右两军相继受挫，楚军阵脚大乱，就此大败，子玉在战后被迫引咎自杀，晋国取得重大胜利。

当时，晋国和楚国各自派人员到对方潜伏，悄悄进行间谍活动，所以，用"敌中有我，我中有敌"这句话来形容晋楚争霸是再恰当不过了。"楚材晋用"这个成语描述的便是春秋时期楚国和晋国之间的人才流动情况，其中主要是说楚国的人才纷纷外流到了晋国，反为晋国所用，因而有了所谓"晋卿不如楚"的说法。由于人才流动频繁，晋楚争霸的这些战役中，谍战的戏份很足。《国语·楚语》中有一篇《蔡声子论楚材晋用》，说的就是楚国排挤贤人，令这些人才外流晋国，结果纷纷成为反间，他们的反戈一击，成为晋国战胜楚国的一个重要因素。

当晋楚双方在中原展开声势浩大的争霸战争时，秦国也在西北悄悄地积蓄力量，开疆拓土。

秦国在殽之战遭到惨败之后，秦穆公就已经决心把战略目标调整到西部，加强向西拓展，不再盲目东进。这个时候，西戎使者由余的出现，正好给秦穆公提供了向西进军进而独霸西戎的大好时机。策反由余，使其能够为己所用，便成为秦穆公当时最为迫切的任务。

由余，一作繇余，其祖先为晋国人，因避乱而逃到西戎。西戎王听说秦穆公贤能，想探听一下秦国虚实。由余能说中原一带的方言，就被派到秦国担任使者，借此机会收集情报。

秦穆公领着由余观赏秦国的高大宫殿，以此炫耀秦国的强大，没想到这种炫耀只是换来由余的一番讥笑。秦穆公感到非常奇怪，询问由余原因。由余非常直率地指出，这种浩大工程会令老百姓苦不堪言，显然是劳民伤财之举。话虽然难听，却引起秦穆公的重视，他对由余另眼相看。他没想到西戎这个蛮夷之地竟然有一位如此深明事理之人，所以立即提高了接待由余的规格。

随后，秦穆公找来内史廖商量。内史廖认为，既然由余没有隐瞒自己的观点，说明他是坦诚相待，那就可以争取过来为我所用。接着，内史廖就说出了一套策反由余的计划，秦穆公对此言听计从。

第二天，秦穆公让乐官精选几位擅长歌舞的美女送给西戎王，西戎王愉快地接受了。对于由余，秦穆公则是热情挽留，盛情款待，让由余充分感受到秦穆公的诚意。酒席上，秦穆公择机询问由余西戎的山川地貌与风土人情等情况，由余酒后吐露真言，秦穆公因此了解到很多有关西戎的重要情报。

一年之后，由余回到西戎。戎王责怪他迟迟不归，渐而对其产生怀疑。西戎王自己则因为得到新欢，一直疏于朝政，沉湎酒色，也让由余感到失望。由余曾经几次进谏，不仅没有起到作用，反而惹得西戎王心生厌烦，二人关系渐渐破裂。这时候，秦穆公乘机派出间谍到西戎散布流言，说由余已经投靠秦国，并且给秦国传递了很多重要情报。由余知道这些情报其实都是自己在无意之间透露出去，深感自己有被害的危险，于是开始有逃离西戎的打算。这时，秦国派出的间谍秘密地与由余见面，为由余出逃秦国创造条件，由余就此投靠秦国。

秦穆公看到由余重新出现在自己面前，立刻明白称霸西戎的目标已接近成功。他立即给由余加官晋爵，给予优厚的待遇。由余感受到了秦穆公的恩宠，便主动和他商定讨伐西戎的计划，为秦穆公进攻西戎出谋划策。第二年，秦国出动大军，对西戎发动攻击。由余对西戎的设防情况非常熟悉，带领秦军一路高歌猛进，非常顺利地吞并了西戎 12 国。秦国领土由此得到极大扩张，进一步巩固了自己作为西方霸主的地位，为后来统一中国奠定了基础。

秦穆公霸西戎，战略方向的调整固然是一个重要原因，在具体的操作层面，秦穆公的善于用间和善于用人也非常关键。由余这样对西戎有着举足轻重作用的重臣，被秦穆公成功地策反，这对秦占据西戎起到了非常重要的作用。正是这个缘故，司马迁才会在《史记·秦本纪》中如此感叹："秦用由余谋伐戎王，益国十二，开地千里。"

西北已成为秦国的天下，东南尚有吴与越长久缠斗。春秋晚期，吴越争霸替代了晋楚争霸，愈演愈烈。在这场争霸战争中，谍战的作用尤其重要。越王勾践甚至亲赴吴国，充当间谍，策划和指挥这场针对吴国的谍战。

吴与越结邻为伴，却纷争不已，仇怨日深。公元前496年，吴王阖闾乘着越国治办丧事、防守松懈之际对越国发动攻击，却被越国击败。阖闾在战争中身负重伤，死在回国的路上。3年后，夫差举倾国之兵进攻越国，打败越军。战争中，越国损失惨重，勾践身边甚至只剩下五千甲士。为免遭亡国灭种，勾践采纳文种"卑辞厚礼"、委屈求和的建议，派大夫低声下气地向吴王请罪：我勾践愿为吴王臣仆，夫人可为吴王奴妾，大夫、国士以及他们的妻女都心甘情愿地为吴王服役，越国的宝器珍藏也可以尽数献给吴王。与此同时，勾践加紧对吴太宰伯嚭进行收买，将他发展为内间。由于文种的出色运作，伯嚭果然被成功收买，并在关键时刻解救了勾践。

伯嚭劝说吴王："越国已经称臣，赦免勾践则可以尽得越国的珍宝和物产，这显然是对吴国非常有利的事情。"就这样，骄傲自满的夫差终于同意议和，并释放勾践。伍子胥得知这一消息后，长叹一声道："这是养虎为患，越国将会发展国力，训练军民，20年之后，吴国就变成池沼废墟了！"

初步目标得以实现，勾践便着手展开下一步计划，"与范蠡入宦于吴"。勾践君臣入吴可实现的战略企图有二：一是佯向夫差示弱，借以麻痹夫差；二是借机打探吴国的军政情报，深入吴国充当间谍。勾践对吴王表态，可以把越国的锁和钥匙都交付给吴国，请吴王完全放心。勾践亲自出现在投降的队伍之中，卑躬屈膝地请求吴王宽恕。看到勾践在自己面前摆出如此卑贱的模样，夫差的虚荣心得到了极大满足。

勾践此次入吴，明为奴隶，实为间谍，前后共计 3 年。伍子胥一度提出反对意见，但是被勾践收买的内间伯嚭起到了关键作用。他劝说夫差接受勾践的投降，而且任由勾践带着范蠡等人一同入朝。夫差此举满足了一时的虚荣之心，换来的却是无穷后患。勾践入吴之后，开始大量收集情报，吴国君臣的活动被勾践和范蠡尽数掌握。即便勾践君臣无法打探到的消息，他们所收买的内间伯嚭也会及时传递过来。在勾践等人的周密策划之下，对吴国兴盛起到关键作用的伍子胥，也被他们使用反间计除掉。

与此同时，勾践还卓有成效地开展了一系列军政外交活动。针对吴国其时正与齐、楚、越争锋的现状，勾践制定了结齐、联楚、附晋的外交策略，使吴国进一步陷于孤立状态。为了讨得夫差欢心，麻痹夫差，勾践经常以珍宝相赠，并选送上好木材，怂恿吴王大兴土木，以达到消耗其人力、物力的目的。勾践还假借饥荒的名义，向吴国借用粮食，在次年偿还时，却将那些用作偿还的粮食悄悄地煮熟，谎称是优质种子。吴国大量播种勾践所提供的煮熟的种子，导致当年颗粒无收，粮食供应出现困难。这也为勾践灭吴创造了条件。

在后世广为人知的美女西施，据说就是在这时被勾践选派到吴国，潜伏在夫差身边做卧底的。《国语·越语》曾提到越国每年向吴国选送美女之事，西施应该是这期间输送到吴国的众多美女中的一位吧。从《越绝书》等可知，当时同西施一起到吴国做卧底的，还有一名叫郑旦的美女，只是她的名声早被西施所掩。

历史上，西施可能确有其人。先秦典籍中，西施曾被广泛提起，应该相信的是，勾践确曾先后选派多名美女送到吴国，作为贿赂之用，这同时也是他灭吴计划的一项重要内容。在他选派的这些美女中，难免会有若干人行间谍之实，有可能为勾践收集和传递情报。至于她的名字，我们不妨就推想为西施。

在这一系列间谍战之后，卧薪尝胆、励精图治20载的勾践，于公元前473年对吴国发动大举进攻，并一举攻入吴国都城。夫差卑躬屈膝地求和，却遭到勾践的断然拒绝，最终被迫自杀。越王勾践继续挥师北上，与齐、晋等诸侯相会于徐州，成为春秋时期最后一位霸主。

作为一国之君，勾践在国破家亡之后并没有灰心丧气，而是忍受着空前的屈辱，以做奴隶为名，悄悄行用间之实，从而为此后的复仇之战奠定了良好的基础。勾践经过打探，发现伯嚭贪婪，便大量地赠送珍宝、美女，收买他作为内间，不可不谓用心。如果不是伯嚭在夫差面前多次劝说，勾践可能早就被随性、随意的夫差杀死，早就没有了再次同夫差争霸的机会。勾践之所以能成功行间，还建立在对吴王夫差性格缺陷的准确把握上。夫差成功建立霸业之后，逐渐变得狂妄自大，连伍子胥等人的忠言都听不进去，所以勾践一面尽可能地满足夫差的虚荣心，一面则暗中积蓄力量，终于打败强敌。

春秋末期，有几起游说、行间不能不提及。其中最为著名的人物，要数子贡和张孟谈。他们靠着出众的口才和善于察言观色，完成了行间任务。因为他们的行间，历史走向甚至发生改变，司马迁也不惜浓墨重彩予以记载。

子贡（前520～?），复姓端木（一作端沐），名赐，是孔子的高足，在春秋乱世也被迫卷入战乱。孔子认为他的学生中有不少可造之才，而子贡"利口巧辩"，属于"可器用之人"，也就是说，子贡长于具体工作，不是那种喜欢务虚和空谈之人。

显然，子贡半官半商的身份，对他开展外交活动非常有利，他可借机获得相关军政情报。子贡的后半生大体就是这样度过的：在国家需要他做商人时，他就是商人，挣来用不尽的财富；在国家需要他做外交官时，他会立即展示出众的外交才华，同列国诸侯纵论时势，令这些诸侯无不敬畏。当然，有一点子贡是始终不变的：始终追随着自己的恩师孔子，并且时刻关注鲁国的利益。孔子去世之后，子贡在孔子墓前守墓6年，师生之情已超过父子之情，被传为佳话。

公元前484年，齐国的田常试图攻打鲁国，以转移视线，寻找篡位的机会。这使得鲁国上下立即如临大敌，充满紧张气氛。鲁国的军事和经济实力稍逊，只能是处于被动挨打的地位。子贡为了改变鲁国的命运，累日穿梭于齐、吴、越、晋四个大国之间，以口舌之能巧妙行间，令齐国军队在与吴国军队的交战中失败，就此成功地挽救了鲁国，也因此在历史上留下了佳话。司马迁在《史记》中曾对他大为赞誉，而清代朱逢甲在撰写《间书》时，也特意赞扬了子贡的行间之术。

张孟谈，生卒年不详。汉代司马迁为避其父（名司马谈）讳，称之为"张孟同"。张孟谈是春秋末期赵襄子的家臣，同样是一位以游说行间的著名间谍。

春秋末期，智襄子以赵襄子拒绝向智氏割让领地为借口，联合韩、魏两家进攻赵氏。智伯与韩、魏两家约定，在消灭赵氏之后，三家可以平分赵氏的领地。就这样，赵氏被迫退守晋阳，被困晋阳长达 3 年之久。就在赵襄子感到难以为继、准备献城投降之际，张孟谈挺身而出。他只身赴韩、魏营寨巧妙行间，暗中游说韩康子和魏桓子联赵反智。由于张孟谈机智善辩，而且准确地抓住了韩、魏与智伯之间客观存在的矛盾，最终成功地说服了韩、魏两家联合反智，达成了韩、魏、赵三家联手灭掉智伯的重大成果，在巩固和保卫了赵氏政权的同时，也在一定程度上促成了"三家分晋"这一重大历史事件的发生。后人在评价这段历史时说"晋阳之存，张孟谈之功也"，对张孟谈给予了很高评价。

张孟谈游说行间，并没有十分的把握，但也做了认真而又充分的准备。张孟谈深知，智襄子狂妄自大、贪婪暴虐，一定不能让韩康子和魏桓子信服，于是敏锐地抓住他们之间的矛盾，依靠自己出色的口才，使得游说行间终获成功。行间过程中，张孟谈遇到了同样善于察言观色的智过，遂立即决定将原定的作战计划提前，这也是一个非常正确的决定，反映了张孟谈的机警和善于应变。

3 纵横捭阖：以纵横家为代表的战国间谍

战国时期，七国争雄使得政治局势错综复杂。就谍战而言，也出现了以改变对手外交政策和结盟对象为目标的长期经营的战略间谍，这其中尤以纵横家为代表。他们集"伐交"与"用间"于一身，既是外交家，又是战略间谍，其胆识、才干和用间谋略等，无不令人刮目相看。

张仪（？～前310），战国时期魏国人。张仪曾前往楚国谋取功名，失败之后又来到秦国寻找机会。在秦惠王当政时，张仪终于受到重用，被任用为相。此后，他受秦惠王的派遣，进行了几次著名的间谍活动。

张仪自以为对魏国的情况了解多一些——他在这里出生和长大，便将他建功立业的第一站选定在这里。公元前322年，张仪回到魏国。他以巧口利舌说动魏王，获得信任，直至被魏王任用为相。

张仪上任不久便试图说服魏王服从秦国，从而实现他与秦王事先拟定的"欲令魏先事秦，而诸侯效之"的战略计划。魏王自恃国力雄厚，自然听不进他的这番鼓噪。张仪立即悄悄派人返回秦国，说服秦王发兵攻打魏国，以迫使魏国就范。秦国大军迅疾出动，并根据张仪所提供的情报，迅速将魏军击败。张仪乘机再次游说魏王事秦。魏王正在犹豫之际，受其他诸侯的提醒，开始怀疑张仪的真实身份和真正企图。张仪害怕阴谋暴露，只得匆匆逃回秦国。

秦对魏的此次胜利，使得齐、楚两国都感受到了巨大压力。他们于是试图通过结盟与强秦争雄。张仪回到秦国后，再度复任为相，但因为惧怕齐、楚结成联盟会对秦国有所钳制，便又连忙赶赴楚国进行间谍活动，主要目的便是离间他们，便于各个击破。

张仪来到楚国后，重金收买了楚怀王的宠臣靳尚，使之成为内间，通过他而接近楚王。张仪对楚王说，楚国如果愿意与齐国断交，秦立即将商於一带六百里土地敬献楚王，如此，则楚国强了，齐国弱了，而楚也与秦国交好了。楚王立即被这"一计而三利俱至"的诱饵所迷惑，连大臣们的劝阻也置若罔闻，立即"闭关绝约于齐"。于是，刚刚启动的齐楚联盟战略宣告夭折。楚王对张仪的话信以为真，派一名将军跟随张仪前去秦国收取土地。没想到张仪一回到秦国便宣称自己骑马时受伤，整整三个月不出家门。楚怀王焦急万分，在这种等待中与齐国交恶。终于，张仪答应交给楚国土地了，只是这块土地不是六百里，而是六里。楚怀王闻之大怒，立即派兵攻打秦国。这时候，齐国已经与秦国结交，楚则处于孤立无援的状态，楚与秦开战只能招致失败。

公孙衍，生年、卒年不详，魏国人。他曾在秦国为相，后来又被魏王任命为相，是一位以合纵闻名的纵横家。据《史记》等史书记载，虽同为魏国人，张仪主连横，公孙衍主合纵，恰成为一生之敌。战国时期一个名叫景春的人曾有这样一段议论："公孙衍、张仪岂不诚大丈夫哉！一怒而诸侯惧，安居而天下熄。"这从一个侧面说明了此二人在当时的影响力。

据《战国策》记载，公孙衍也有过一段亲为间谍的经历。约在公元前322年，齐国与燕、赵、楚等国在魏国集结，商谈会盟之事。由于这次会盟没有邀请魏国参加，魏王觉得这很可能会对己方形成不利，于是立即召见公孙衍商讨对策。

　　君臣二人经过一席商谈之后，公孙衍主动向魏王请命，决定亲为间谍，赶往齐国进行离间活动，主要行动目标便是破坏齐、赵等国的联盟。于是，公孙衍携带大量的珍宝，急忙上路了。赶到齐国之后，公孙衍即呈上重礼，由此而获得齐王的召见。在与齐王对坐的时候，公孙衍向齐王"从容谈三国之相怨"，让齐王对结盟之事产生疑虑。

　　很显然，公孙衍拜见齐王很快便引起了燕、赵等正要与齐国结盟的国君的怀疑，他们一起赶来质问齐王。面对质问，齐王极力解释，说公孙衍只是受魏王的指派前来犒劳并赠送了一些财物。齐王越是这样解释，燕、赵、楚三国国君越发不能相信，这次会盟竟然就此宣告流产。

　　苏秦（？～前284），东周洛阳人。起初苏秦在仕途上屡屡遭遇不顺，后来到燕国谋取功名，受到了燕昭王的重用。他自愿充当燕国间谍，前往齐国从事间谍活动，由此开始了他长达16年的战略间谍生涯。

　　这时候的齐国，由湣王执政，实力非常强大，并同赵国保持着密切的盟友关系。故此，苏秦的间谍活动所要达成的目标有二：第一就是破坏齐、赵两国的关系；第二便是使齐国"西劳于宋，南疲于楚"，意在使齐国在攻打楚国的过程中自我削弱，并且在攻宋的时候得罪别的大国，从而四面树敌。在齐国期间，苏秦想方设法赢得了齐王的信任。苏秦告诉齐工，齐国的当务之急是争雄于世，极力怂恿齐王攻宋。齐王终于被苏秦说动，立即发兵攻宋，并在战场上取得了节节胜利。

　　由于宋国处于大国的夹缝之中，必然地牵动着各方利益。

因此，齐国出兵攻宋之后，便与秦国的关系越来越差。这时候，苏秦一面怂恿齐王继续攻打宋国，一面向齐王请命，自愿充当使臣前往燕国和三晋，说服他们组织一个五国联军共同伐秦。通过精心谋划，苏秦最终实现了韩、赵、魏、燕、秦五国联军的计划。在这之后，五国联军悄悄地达成攻齐之实。这一行动计划大大出乎齐王预料之外，也是苏秦行间所达成的最重要成果。

宋在齐的第三次大规模进攻下终于灭亡。宋的灭亡引起诸侯国的一片恐慌，他们都认定齐国为最大的威胁。因此，在齐国攻下宋国后不久，五国联军便着手准备联合攻打齐国。

五国联军正式成形是在公元前284年，乐毅被推举为联军首领。苏秦作为内应，将齐国的设防情况悉数汇报联军。这样一来，战争结果可想而知。公元前284年，乐毅率五国联军从燕国方向对齐国发起了猛烈进攻，所到之处几无抵抗。乐毅在战事上的胜利，等于宣告苏秦身份的彻底暴露。苏秦终于被气急败坏的齐王施以车裂，成为死间。

苏代，生卒年不详。最新出土资料表明，他很可能是苏秦之兄。① 在苏秦死后，苏代一度受到燕王重用。作为一名纵横家，苏代用一次著名的间谍活动暂时挽救了赵国，也因此延缓了秦国统一的步伐。

---

① 据《史记·苏秦列传》，苏代是苏秦之弟，但根据1973年马王堆出土的帛书，苏代似为苏秦之兄。

公元前 259 年，白起在长平大破赵军。40 万赵军中，除少数孩童被放生之外，其余尽遭秦军坑杀。秦军在取得长平之战的胜利之后，在白起的率领下乘势进军，直扑赵国的都城邯郸。赵国举国上下顿时陷入一片惶恐之中。这时候，正在赵国的苏代受命携带重金悄悄赶到秦国，试图进行间谍活动，以延缓秦军的步伐，挽救赵国的命运。

苏代深知范雎在秦国位高权重，对秦国的政坛很有影响力，便不惜重金获得了拜见范雎的机会。在呈上厚礼之后，苏代便开始在范雎面前极力诋毁白起。他对范雎说，白起马上就可以灭掉赵国了，他为秦国立下如此巨大的功劳，周公、召公这样的圣人也不过如此，这样一来，或许范雎的地位也要受到威胁。苏代的这番话一举击中要害。此前尚在帮助白起的范雎听了苏代这番话之后，果然嫉妒起白起的功绩。他立即上书秦王，称秦军在长期征战之后已经疲惫不堪，该是收兵休养的时候了。秦王听从了范雎的建议，遂命令白起撤军。白起眼看着即将到手的胜利与自己擦肩而过，难免会对范雎心生怨恨，将相之间因此失和。

第二年，仍在负气的白起竟敢违抗秦王命令，不肯领兵出战。范雎则乘机在秦王面前竭尽诋毁之能事，终于使得本来就对白起心生愤恨的秦昭王起了杀心。白起在万分失望之下，最终"引剑而自刭"。

战国时期纵横家的间谍活动只是那个时代风云变幻的一个侧面，但也充分展现了当时各国对于情报工作的高度重视，以及间谍活动对于争霸战争所产生的重大影响。纵横家的活动极具特殊性，他们有在多国活动的经历和机会，从而始终是情报战线的活跃分子。概括地说，纵横家的间谍活动具有以下几个鲜明的特点：第一，纵横家的间谍活动大都关注战略情报层面的内容，并据此试图改变相关国家的对外军事战略。第二，纵横家从事间谍活动除迫不得已之外，其行事往往并不十分隐秘，身份甚至经常公开化。这尤其以张仪、苏秦为代表。他们以客卿身份为依托，公开出使，悄悄行间。第三，纵横家的间谍活动往往集伐交与用间于一身，既是战略间谍，又奔走于军事、外交战线。第四，纵横家的家国观念往往不强。他们往往热衷于建功立名、追求富贵而无确定的是非之见。在政治立场上，这种特点表现为朝秦暮楚、事无定主；在方针决策上，则表现为朝三暮四、唯利是图，甚至受一己利益之驱使，在为别国效命时，不惜损毁生养自己的祖国的利益，其中尤以张仪为代表。正是看清了趋利之徒的这一本性，秦国以舍得投入和善于拉拢赢得了众多效命者，从而最终在兼并战争中赢得胜利。

除了纵横家之外，战国时期的著名间谍还有荆轲、郭开等人，下面简要介绍其行间经历和得失。

荆轲（？~前227），战国末年卫国人。卫人多称其为庆卿，燕人多称其为荆卿。不知是出于避乱还是为了寻找出路，荆轲远走他乡，先后到过魏国、赵国，但都没能觅得机会。最后他来到了燕国，遇到太子丹这样高看他的人，所以肝脑涂地、感激涕零地要报答太子丹，充当行动性间谍刺杀秦王，但没能获得成功。

荆轲刺秦王，是战国期间颇具影响力的一次行刺事件。作为一名行动间谍，荆轲的谋杀行动虽然以失败告终，却影响久远。撇开其不畏牺牲的勇敢精神不说，一张地图、一颗首级、一柄利刃，皆可见他事前经过了深思熟虑。他在对秦王的心理进行一番研究之后，洞察了一个雄霸之主的真正喜好是土地，而非个别仇人的脑袋，于是决定将匕首藏在地图之中，而不是藏在盛放樊於期首级的盒子中。应该承认，他的判断相当准确，也达到了预期效果。当然，荆轲的失误之处也是显而易见：比如其技击之术并不精湛，这甚至成为他功败垂成的关键原因；再比如易水送别，击筑高歌，虽可激励勇士，但过于公开，张扬其事，不利保密。

战国末期，眼看秦国连续向东方用兵，韩国担心秦国的下一步行动目标就是自己。为了"毋令东伐"，他们冥思苦想，最终选派技术高超的水利工程师郑国只身来到秦国，主动提出帮助秦国兴修水利。经过一番艰苦努力，这条沟渠终于建成，却立即使得关中成为沃野，粮食产量大增。自此之后，秦国很少再遇到凶年，也很少再遭受饥荒之苦，国家因此变得更加富强。郑国修渠反倒为秦国最后兼并诸侯、统一天下立下了奇功，这条沟渠因此而被命名为"郑国渠"。因此，从总体上看，郑国奉韩王之命到秦国行间是一次失败的谍战，正所谓"为韩延数岁之命，为秦建万代之功"。韩国虽由此得到短短几年的苟延残喘，却使秦国变得更加强盛，反倒加速了自身灭亡，其中得失，很值得玩味。

4 以《孙子·用间篇》为代表的谍战理论

先秦时期，谍战理论已经发展到一个很高的水平，诸如《六韬》等兵书就相关论题进行过探讨，其中尤以《孙子·用间篇》论述得更为深刻和全面。下面以《孙子·用间篇》为代表，简要介绍先秦时期的谍战理论。

《用间篇》共 500 余字，虽则字数不多，但对中国古代谍战的基础理论基本都有所涉及，对相关间谍的地位和作用、谍战的组织领导原则、谍报人员的素质等问题，都做了或深或浅的探讨。

关于间谍或用间工作的地位和作用问题，孙子在《用间篇》中指出，用好间谍，知敌之情，是"此兵之要，三军之所恃而动也"，将"用间"视为三军作战的一种必要依靠，突出强调了用间的重要性。孙子还指出：

> 故明君贤将，所以动而胜人，成功出于众者，先知也。先知者，不可取于鬼神，不可象于事，不可验于度。必取于人，知敌之情者也。

上述这段话中，孙子既论述了"先知"的重要性，同时也论述了做好"先知"所必须注意的事项。所谓"先知"，即先期知道敌情。这里，他将"先知"当成将帅和国君"动而胜人，成功出于众者"的先决条件，即将"先知"视为打败对手的决定性条件。

孙子对谍报工作非常重视，他提出：

> 凡兴师十万，出征千里，百姓之费，公家之奉，日费千金。内外骚动，怠于道路，不得操事者，七十万家。相守数年，以争一日之胜，而爱爵禄百金，不知敌之情者，不仁之至也。非人之将也，非主之佐也，非胜之主也。

孙子认为，战争行为耗费巨大，但是有一种办法能尽量减少损耗，这就是用间。如果将帅和国君舍不得在这方面花钱，那就是最大的"不仁"，是不配为主帅和国君的，也即"非人之将也，非主之佐也，非胜之主也"。

关于谍报工作的任务，《用间篇》中也提出了几个具体而又明确的方向。

> 凡军之所欲击，城之所欲攻，人之所欲杀，必先知其守将、左右、谒者、门者、舍人之姓名，令吾间必索知之。

在孙子看来，诸如"守将、左右、谒者、门者、舍人"等，都是关键的人物，他们的具体姓名一定要努力知晓，所以要求间谍重点打探。其实，上述人物既然如此重要，不妨也可视为行间的重点对象，同时也是值得花费重金进行收买和拉拢的对象。

关于用间的政策和间谍的待遇，孙子主张实施重奖重罚。

他提倡对间谍厚赏，"赏莫厚于间"。孙子曾将间谍分为五类，习称"五间"。在这"五间"之中，孙子特别重视"反间"，故主张给予反间特别丰厚的奖赏："五间之事，主必知之，知之必在于反间，故反间不可不厚也。"其次他主张重罚："间事未发，而先闻者，间与所告者皆死。"当间谍活动暴露之后，间谍就需要杀死，甚至连告密人员都一律杀死，这不知道是出于保密需要，还是其他原因，总之是一个极其严重的惩罚。

对于间谍活动的组织领导者及其他间谍人员，孙子都提出了具体要求。比如，就用间者（指领导人员）来说，孙子提出了三项条件：第一是圣智；第二是仁义；第三是微妙。孙子说："非圣智不能用间，非仁义不能使间，非微妙不能得间之实。"这三项条件似乎是逐级叠加，因为"圣智"似乎是一项基本素质，"仁义"则是对领导人员的道德要求，同时也是一种领导方法，因为其可与厚赏形成相互补充，而"微妙"则指的是分析判断能力，这同时可能代表了谍报术运用了一种高深莫测的手段。

对于具体的间谍人员，孙子也提出了明确的要求："上智"。孙子说："明君贤将，能以上智为间者，必成大功。"在孙子看来，明君贤将，如果能用上智之人充当间谍，就一定能够谋得极大的成功，同时也说明，只有"上智"之人才能担任间谍，才能担负起行间的艰巨任务。

在《用间篇》中，孙子还就用间的组织领导、行间原则及侦察调研之术等有一些初步的探讨。

对于间谍行动的组织领导，孙子提出了三项原则。第一是"密"，也就是对"保密"的要求。在孙子看来，一切间谍行动都必须处于高度机密状态，各种军事行动中以间谍行动对保密的要求最高，故此孙子才会说"事莫密于间"，将保密要求提到头等重要地位。第二项原则是"亲"，孙子说："三军之事，莫亲于间。"这个"亲"其实包含有两重含义：首先可针对指挥而言，因为"亲"，所以能够尽量减少中间环节，实现对间谍的垂直领导，避免因为不必要的环节出现泄密等失误；其次可以是就态度而言，因为"亲"，可以拉近和间谍人员之间的关系，让他们更好地为自己效忠。第三项原则是"厚赏"。孙子说："赏莫厚于间。"前面说过，孙子主张对间谍实施重奖重罚，这二者之间"厚赏"是第一位的。拿什么厚赏？无外乎爵、禄，也就是官爵和金钱。孙子认为，作为将帅一定不能过于吝啬，只有舍得投入资财，甚至是许以官爵，才能调动间谍的积极性，也才能最终收获成功。

孙子对间谍进行了初步分类，并将"五间俱起"作为重要的侦察调研之术。

孙子说："故用间有五：有因间，有内间，有反间，有死间，有生间。"这其中，因间，当作乡间。① 因（乡）间、内间、反间、死间、生间，就是孙子所云"五间"。孙子对五间

---

① 张预注："'因间'当为'乡间'。"刘寅《孙武子直解》："旧本'因间'作'乡间'。"《戊笈谈兵》《重刊武经七书汇解》《武经汇解》等，"因"均作"乡"。

各自进行了定义。

> 因（乡）间者，因其乡人而用之。
>
> 内间者，因其官人而用之。
>
> 反间者，因其敌间而用之。
>
> 死间者，为诳事于外，令吾间知之，而传于敌间也。
>
> 生间者，反报也。

乡间，就是选拔合适的乡人充当间谍；内间，就是策反和收买对方官员，逐步发展成为我方间谍；反间，就是收买和利用对方的间谍，使之能为我所用；生间，就是选拔智能之士，能及时收集情报并送返（也可说是谍报人员返回）。上述相关"五间"的定义，只有"死间"稍微费解一些。"诳事于外"，令我方间谍知晓，再想法传于敌间，这是利用情报欺骗来达成己方意图，但是如此一来，我方间谍就会暴露身份，就会性命不保，故称为死间。这个定义显然较其他诸项稍微令人费解，日本樱田本的一种说法可以参考："死间者，委敌也。""委"，当作"舍弃"解，意思是，将间谍的性命完全置之敌手，只是为了获取重要情报。相对于中国的传本，日本樱田本的定义显然比较简明，而且非常恰当地说明了"死间"的内涵。

关于如何运用"五间"，孙子说："五间俱起，莫知其道，是谓神纪，人君之宝也。"所谓"俱起"，意思是同时把"五间"一并派出，而"神纪"，意即神妙莫测之道。"五间俱起",这就是孙子的间谍运用之术,或者称作谍报术。

孙子强调"五间俱起",是"诡道"思想在用间思想中的具体体现。孙子在《计篇》提出"兵者,诡道也",这一主张贯彻《孙子兵法》十三篇始终,所谓"五间俱起,莫知其道,"就是"诡道"思想在用间中的具体运用。除此之外,应当还从以下几个方面的考虑:首先是可以广辟情报收集渠道,"五间俱起"比单一渠道在情报来源上显然要更加广泛一些;其次是可以对间谍收集到的情报进行验证,以确保"得间之实";第三是可以及时发现和有效防止己方间谍炮制假情报来邀功求赏的行为。

当然,孙子虽说是"五间俱起",但在"五间"之中尤其重视"反间"。孙子说:"五间之事,主必知之,知之必在反间,故反间不得不厚也。"从这句话不难看出,孙子是非常重视反间的。我们不妨进一步认为,孙子一直是将反间当成用间的重点方向。孙子说:"必索敌人之间来间我者,因而利之,导而舍之,故反间可得而用之。"敌方派出的间谍,自然会对敌方情况有很多了解,故应该予以特别重视,以更方便获取情报。

从另外一段话中,我们也可以看出孙子认为用间必须预先确定行动目标,找准用间对象:"凡军之所欲击,城之所欲攻,人之所欲杀,必先知其守将、左右、谒者、门者、舍人之姓名,令吾间必索知之。"孙子认为,在每一项军事行动之前都应该及时派出间谍,诸如将要攻打的城池的守将和对方主帅的左右、谒者、门者和舍人等姓名情况,都要派出间谍打探清楚。为什么要打探清楚这些情况？孙子应该是将诸如守将和左右、门人等都当成了用间的重点目标。上述这些敌方要害人员都掌握了一定的机密，能影响到主帅的决策，所以理应成为行间的重点目标。

孙子的用间理论在历史上具有重要地位，主要表现在三个方面。

首先，孙子通过《用间篇》，第一次系统建构了相关用间的理论体系。在孙子之前，诸如"女艾间浇""伊尹在夏""吕尚在殷"这些间谍行动，都给人们留下了宝贵的用间经验和思想启迪，但是从来没有人能像孙子这样进行系统的理论总结和深入的探讨。孙子的用间理论完成了由量变到质变的转变，从而成为古代谍战史上一座难以逾越的理论高峰。

其次，孙子深刻地揭示了间谍与战争的关系。这首先表现在，孙子相信间谍能给战争获胜提供保证，通过巧妙用间，"必成大功"；其次表现在，孙子能够很好地分清用间与战争之间耗费大小的差别。在孙子看来，战争行为是"日费千金"的巨大消耗，而用间则是花费"爵禄百金"，舍得花费"爵禄百金"完全是花小钱办大事。孙子反对形而上学，又反对经验主义，同时也强调发挥人的主观能动性，与术数和神鬼思想坚决划清界限，至今仍然具有重大启发意义。

最后，孙子的用间理论对中国古代谍战史具有深远影响，重视用间、重视情报工作，成为中国古代兵学的一个重要特征。从战国之后的兵书来看，是这个情形；从战国之后的军事斗争实践来看，也是这个情形。明代茅元仪评价孙子兵学思想的重要影响时，曾经这样说道："前《孙子》者，《孙子》不遗；后《孙子》者，不能遗《孙子》。"就中国古典用间思想的产生和发展来看，情况也是如此。

二　汉唐时期的谍战

　　秦汉至隋唐时期，大一统国家次第建立，甚至不乏文化繁荣、国力强盛的朝代，但是伴随着朝代更替，也一直有战争和谍战。两汉时期，统治者为了巩固边防，曾先后派遣张骞和班超等人担任战略间谍出使西域，在开展军政外交的同时，大量收集匈奴及西域山川的情报，为最终击败匈奴创造了条件。魏晋南北朝时期的分裂和割据局面中，谍战也此起彼伏，谍战谋略得到了进一步发展，诸如石勒、宇文泰等人所展示的情报谋略尤其值得关注。唐朝是与汉代齐名的强盛朝代，也留下了许多精彩的谍战案例，唐朝与突厥的战争、平定"安史之乱"都曾大量用到谍战，展示出较为成熟的谍战谋略。

1　谍战助定鼎：朝代更替中的谍战

　　秦朝灭亡之后，争夺天下的群雄之中数刘邦和项羽实力最为强大。二者角力，贵族出身的项羽最终败给了平民出身的刘邦。相比之下，刘邦更加善于因势利导，更擅长权变之术，故取得最终胜利。刘邦对手下谋士陈平、郦食其等人的谍战计策几乎悉数采纳，有力地支援了正面战场。

陈平（？～前178），陈留阳武（今河南原阳县东南）人。幼年时父母早亡，他只得寄居在兄长家中。秦末，陈平从军，投奔项羽，很快便发现项羽是个刚愎自用、喜怒无常之人，便转而投奔刘邦。在刘邦手下，足智多谋的陈平多次以行间建功，辅佐刘邦夺得天下。

陈平起初来到魏王手下谋得一份差使，几次上书陈述真知灼见却从未被采纳，只好不辞而别。后来，他又投奔楚王项羽。没想到志大才疏的项羽甚至听信谗言想要加害于他，陈平只得再次出逃，就此投奔汉营。经故友引见，陈平得以拜见刘邦，二人谈得十分投机，陈平就此受到重用。

公元前204年，楚汉相争进入关键时期。刘邦处于相对弱势，因此非常郁闷地询问陈平："天下纷纷，何时能定呢？"陈平曾在项羽手下呆过，对楚军虚实非常了解，于是客观地分析了两军短长。在陈平看来，项王为人缺少宽容之心，容易听信谗言，正是运用反间计的绝佳对象。项羽的得力之臣，不过范增、钟离昧、龙且、周殷等数人。如果舍得投入，以数万金作为筹码，悄悄离间他们君臣，然后再举兵攻之，必定能够打败项羽。刘邦便拿出"四万金"交给陈平，让他作为行间的费用。

这时候，刘邦手下不少人跳出来说陈平坏话，并且对刘邦一掷"四万金"的行为感到非常不解，没想到刘邦反倒是重重地赏赐陈平，并提升他为护军中尉。这使刘邦手下那些感到不服气的将领们顿时安静下来，不敢再诋毁陈平。不仅如此，此后再有类似谗言，刘邦均一笑置之，不予理睬，对陈平则是"恣所为，不问其出入"。得到刘邦如此信任，陈平这才能够安心为其效命，放手展开他一整套行间之术。

陈平先是费尽心思在楚营收买奸细，让他们在楚军中散布流言说：锺离眜、范增等因为功高而未能裂地封王，因此而心生不满，很想与汉王联合起来，一起灭掉项羽，瓜分楚王的土地。这些话传到项羽耳朵里，他果然对锺离眜和范增等产生了怀疑，决定派遣使者到刘邦大营打探虚实。陈平先是准备以非常高的规格接待楚使，在见到楚使并进行一番攀谈之后又故作惊讶地说道："我以为你是亚父派来的使者，没想到是项王派来的使者啊！"于是，陈平立即将接待楚使的规格降了下来。这种做法让项羽派来的使者暗暗感到吃惊，更加相信范增和刘邦暗中勾结的传言。

楚使愤愤不平地回到军营，把陈平接待自己的前后经过向项羽做了详细汇报。项羽因为早闻听军中流言，再加上这一番鼓噪，终于相信了传言。锺离眜、范增自此被项羽日渐疏远，钟离眜的军权被夺，汉军面临的压力顿时减小。范增知道项羽不再对他信任，大感失望，便宣布告老还乡。不久之后，曾经被楚王尊为"亚父"的范增，在回老家的路上背部生出痈疽，暴病而亡。项羽自此失掉了一个得力谋士。忠诚如范增，都会遭到如此下场，项羽的手下都感到惶恐不安。

就离间项羽与范增的间谍行动来说，刘邦将"四万金"

交付陈平之后，便任由其自由使用，而不问金钱去处，对陈平赋予极大信任。这一用间案例生动说明，在间谍活动中上、下级之间的信任非常重要，甚至能直接决定行间的成功与否。如果刘邦不能知人，或者知而不能用，用而不能信，那么陈平在汉营一定无法受到重用，他的那些行间计策即便再高明，也只能胎死腹中。孙子说："三军之事，莫亲于间，赏莫厚于间，事莫密于间。"刘邦很好地把握了这个秘诀。

刘邦手下谋士众多，除陈平之外，张良更是替刘邦"运筹帷幄之中，决胜千里之外"的功臣。由于张良和项伯是故交，张良曾几次利用项伯行间。其中最为著名的，就是大家耳熟能详的"鸿门宴"。

当时，项羽和刘邦在兵力上相差非常悬殊：项羽的军队有40万，驻扎在新丰鸿门；刘邦的军队只有10万，驻扎在霸上。如果两军交战，刘邦处于明显的劣势。项羽准备发动优势兵力攻打刘邦，项伯因为同张良关系密切，便把项羽准备发兵的消息告诉了张良，劝其尽快逃跑。张良不仅没有逃跑，反而立即告知刘邦，而且邀请项伯进见刘邦。刘邦先是诚恳地捧上一杯酒祝愿项伯长寿，接着就和项伯约定结为儿女亲家，并委托项伯转告项羽，他对项羽其实一直都非常忠心。

第二天早晨，刘邦带着100多人来到鸿门向项王谢罪，把一切归咎于小人的谣言。意外的是，项羽竟然就此把一直偷偷向项羽告密的曹无伤供出来。随后，项羽留下刘邦，和他一起把酒言欢。酒席间，范增多次向项王暗使眼色，提醒项羽尽快对刘邦下手，但项羽一直没有反应。无奈之下，范增起身出去，叫来项庄，让他乘着舞剑的机会把刘邦杀死。没想到的是，看到项庄拔剑起舞，项伯也随着拔剑起舞，并一直用身体掩护刘邦，使得项庄无法下手。

眼见形势不妙，张良找来樊哙护驾。樊哙随即闯进大帐，瞪着眼睛看着项王，头发直竖起来，眼角都裂开了。项王赏给樊哙美酒，樊哙毫不含糊地端起来痛饮，再赏一条半生不熟的猪腿，他也痛快地大口咀嚼起来。吃饱喝好后，樊哙便和项羽大谈当初约定之事，说起刘邦劳苦功高，不仅没有得到赏赐，反而受到小人诬陷，这非常不应该。面对樊哙的慷慨陈词，项羽无言以对。坐了一会儿之后，刘邦借口上厕所，和樊哙、夏侯婴、靳强、纪信等人徒步逃走。

张良估计刘邦已经回到军营，再进去向项羽道歉。范增生气地说道："竖子不足与谋啊。夺项王天下者，必然是沛公。我们迟早会成为他的俘虏！"

刘邦回到军中后，立刻杀掉曹无伤，项羽则在错过这次斩杀刘邦的机会之后，再没机会制服刘邦。他雄赳赳气昂昂地率领大军进占咸阳宫，在抢走宝物和美女之后，便大肆杀人放火，彻底失掉民心，也失掉与刘邦一争天下的机会。

刘邦感念张良救驾有功，赏赐张良"金百镒，珠二斗"，但张良全部转赠项伯。刘邦也希望继续借助项伯向项羽讨价还价，因此让张良大量赠送项伯礼物。张良建议刘邦接受项羽的分封，并委托项伯向项羽求情，索封汉中之地，并把所经过的栈道都烧毁，以表示没有返还之心。刘邦就此麻痹了项羽，获得一块富庶而又稳固的根据地，逐渐有了和项羽决战的底气。

"鸿门宴"前后，张良巧妙利用对项伯的救命之情，对其进行巧妙拉拢，使之成为内间，不仅在关键时候帮助刘邦通风报信，并且在项庄舞剑的时候挺身相护，成功帮助刘邦脱险。谍报经营中，情感拉拢非常重要，其中需要的是真诚相待，甚至是长期投入。刘邦通过结为儿女亲家的手段来对项伯进行拉拢，正是这样，其中显出刘邦的深谋远虑。

由刘邦建立的汉家王朝，在历经西汉、东汉数百年光景之后，也终于走上末路，迎来了军阀割据、宦官弄权的黑暗时代。

东汉末年，袁绍击败公孙瓒之后，占据青、幽、冀、并四州之地，势力越来越强大。而曹操成功挟持汉献帝，占据"挟天子以令诸侯"的有利局面，此后他消灭袁术和吕布等豪强，控制了黄河以南，淮河、汉水以北的大部地区，从而与袁绍形成南北对峙。

袁绍在兵力上占据着绝对优势，并没有把曹操完全放在眼里。曹操认为，袁绍有志大才疏、胆略不足、刻薄寡恩、刚愎自用等缺点，所以，即使是战将如云，他也不能很好地使用，官兵上下并不团结。故此，曹操决心与袁绍进行决战。

决战发起之前，曹操大量派出间谍，刺探情报，捕捉袁绍大军的动向，甚至曹操本人都亲自前往前线侦察袁军的渡河情况。当曹操看到袁军的骑兵越来越多，便下令沿途堆放财物，诱惑袁军下马抢掠。袁军不知是计，在抢劫财物的过程中陷入混乱。曹操下令骑兵迅速出击，袁军阵脚大乱。就这样，曹操获得延津之战的胜利，为官渡决战创造了条件。

袁绍手下谋士众多，但是他并不能很好地使用，反而因为刚愎自用使得这些谋臣三心二意、各有打算。就在两军对峙的关键时刻，袁绍手下的重要谋士许攸因为家人犯法而受到排挤，一怒之下便转投曹操。许攸跟随袁绍多年，对袁军内部情况了如指掌。曹操听说许攸到来，高兴得连鞋子都顾不上穿就赶出来迎接，令许攸深受感动。随后，许攸将袁绍军中布防情况，尤其是有关后勤补给的地点，悉数透露给曹操。曹操由此得知故市（今河南延津县内）、乌巢（今河南延津东南）是袁绍储备粮草的地方，而且戒备不严，因此果断发动偷袭。袁军前线部队攻城不力，还听说乌巢遭到偷袭，军心动摇，被曹军杀得大败。袁绍手下重要将领张郃和高览都在战前倒戈，投降了曹操。袁绍最终只是带着 800 名骑兵得以逃脱，仓皇逃回河北。

官渡之战中，曹操斩杀袁军 7 万人，获得全胜，随后基本统一北方。不久之后，曹操便开始做统一天下的规划，积极准备南征，赤壁之战因此打响。

发兵之前，曹操给孙权写信，号称所率大军足有 80 万之众，这让孙权非常惊恐，更令一帮文臣失态，东吴呈现出一派畏战气氛。只有鲁肃和周瑜给孙权打气，建议他联合刘备共同抗曹。孙权立刻任命周瑜、程普分别为正、副统帅，联合刘备同力迎战曹操；任命鲁肃为赞军校尉，协助制订作战计划。就这样，孙刘联军与曹操军队在赤壁相遇，一场大战一触即发。

曹操想到用间谍来打开局面。他听说蒋干是江淮一带著名的善辩之士，而且和周瑜是同乡，便派人从扬州把蒋干请来，让他到江南游说周瑜。周瑜每天用好酒好菜招待蒋干，并且请他到军营中观看自己的治军之术，并对蒋干表示，即便苏秦、张仪和郦食其这样的能说会道之辈，都无法说动自己。蒋干只能尴尬地笑笑。蒋干一无所获地回到曹军大营，只能向曹操称赞周瑜"雅量高致"，并不是靠游说就能策反的。

一天，周瑜的部下黄盖秘密求见，建议使用火攻。得到周瑜首肯之后，黄盖写信给曹操，假称要投降。在双方约定的受降时间，周瑜派出装满干苇和枯柴的大船并浇灌了油料和火药，大船借助风势，迅速地冲向曹军战船。曹军上下都翘首以待，等着黄盖前来投降，没想到猛然冲过来一些火船，把曹操的战船全部点燃，并顺势蔓延到大江北岸的军营。顷刻之间，火势四处弥漫，烧死和淹死的人马不计其数。周瑜率领精兵随后追杀，曹军迅速溃不成军。刘备、周瑜水陆并进，一直追击到南郡。曹操军队死伤过半，曹操本人也只是侥幸得以脱逃，狼狈退回北方。

曹操用兵"仿佛孙、吴"，其实非常重视用间，重视收集情报。官渡之战的胜利，与曹操准确及时地收集到大量情报有着直接的关系。尤其是袁绍手下重要谋士许攸的倒戈，为曹操提供了有关袁绍的第一手情报，曹操因此知道袁军布防情况和各处虚实，因而组织了极具针对性的攻击。可以说，情报是曹操官渡之战获胜的重要基础。但到了赤壁之战时，曹操布置的游说行间计划完全落空。周瑜不仅识破了曹操的计策，反而巧妙地利用担任说客的蒋干为自己传递假情报。据说曹操正是因为蒋干所带回的假情报，从此对蔡瑁等水军将领失去信任，由此直接导致赤壁之战的失利。这正证明了唐代李靖的观点：用间有时候也是会带来损失的，作为将帅，一定要辩证地看待用间的得失。

赤壁之战令曹操大伤元气，南方的刘备和孙权自此长期联合，共同对付强敌曹操，在各自谋得发展之后，最终奠定三国鼎立的基础。

当时，曹、刘、孙三方之中，以刘备的实力最弱，依靠吞并四川后才获得定鼎的基础。而刘备夺占四川的过程中，间谍张松起到了重要作用。

张松（？～212），字永年，东汉末年崇宁县丰乐乡（今四川成都唐昌镇）人。在刘璋身边多年，张松深深体会到刘璋的无能和平庸，也叹息自己生不逢时，因此一直在努力地寻找明主。

张松起初打算投靠曹操，却受到了侮辱和冷遇，就此改道拜访刘备。刘备得知张松造访，喜出望外，亲自迎接，并且大摆筵席，厚礼相待，终于打动张松来为自己效命。

刘备和张松相谈甚欢。张松滔滔不绝地把益州的地理、人情、山川、物产等重要情报一一透露给了刘备，也把早已绘好的四川地图献上，恳请刘备早日出兵入川。从此之后，张松就开始了他的间谍生涯。

张松回到益州之后，便开始向刘璋诉说曹操的种种恶行，劝说他趁早和刘备发展联盟关系，接着便举荐好友法正充当使者，负责联络刘备。法正和张松私交甚密，也同样认为刘璋不是一个有为之主，所以经常和张松一起暗自叹息不得志。张松自刘备处返蜀之后，便立刻向法正称颂刘备的贤能。法正听到好友的举荐之后，也下定决心离开刘璋，转投刘备。

刘璋不知其中底细，爽快地听从了张松的建议，正式派遣法正出使荆州。法正见到刘备之后，也受到了热情接待。于是，他更加相信好友张松的劝告，并暗下决心，和张松一起作为内间，帮助刘备占领益州，一举推翻刘璋。法正这次来访虽是借出使为名，同时也受张松之托向刘备传递情报。他向刘备提供了大量关于刘璋和益州的重要情报资料，使得刘备能够及时掌握蜀中动态以及兵力部署情况，从而有针对性地进行部署。

211年，曹操攻打张鲁，拟夺取汉中一带富庶的土地。汉中与益州相邻，所以，刘璋得知曹操攻打汉中的消息后，深感惶恐。他知道曹操一直志在统一，在拿下汉中之后，一定会进一步进兵巴蜀，对益州构成直接威胁。张松很好地把握住了刘璋的心理，乘机恐吓刘璋，并推荐刘备帮助守备益州。

张松所提出的救援益州的计策，对刘璋而言是饮鸩止渴，但是刘璋昏聩而不能明察，故此一步步迈向深渊。在听到张松的建议后，刘璋立即派法正带领4000名兵马并携带大量的金银财宝，去迎接刘备入蜀。

就这样，法正带着刘璋的厚礼再次来到刘备军营。刘备先是虚情假意地再三推辞，但诸葛亮一直赞同法正和张松的建议，坚决主张乘机进兵益州。在他们的劝说之下，刘备终于决定即刻发兵，由法正带领，往益州一带进军。

刘备带领数万军马进入益州，刘璋亲自出城迎接，场面非常隆重。这时候，刘璋手下黄权等人，都极力劝说刘璋要谨慎行事，千万不要引狼入室，但刘璋根本听不进去。他甚至将黄权等人的好言相劝斥为谗言，一概置之不理。显然，张松和刘备的表演正好相互呼应，彻底蒙蔽了刘璋。

急于颠覆刘璋的张松，看到刘备按照既定计划如愿进驻益州，甚感欣慰。他希望刘备加快夺取益州的步伐，于是悄悄制订了一个暗杀刘璋的计划，并委派法正当面向刘备做了详细汇报。原来，张松打算趁刘备和刘璋会晤的时机，对刘璋突施杀手，从而就此掌控益州。刘备认为时机尚未成熟，在尚未站稳脚跟之时，为广泛获取蜀地民心，他决定将暗杀计划暂缓执行。刘备让法正转告张松：这是一件大事，一定不可仓促行事。张松得到刘备指示，只好将暗杀计划放弃。

公元212年前后，刘备和刘璋之间的矛盾终于爆发。刘璋对刘备在自己的领地内大肆收买民心的做法渐渐有所察觉，故此产生了一些戒备之心。而刘备则自以为在益州已经站稳脚跟，也将占据益州的计划正式提到议事日程上来，故而也在行事上暴露了蛛丝马迹。

那一年年底，曹操发兵攻打孙权。情急之下，孙权急忙向刘备求救。刘备便以施救为名，向刘璋讨要军队和大批的军用物资。刘璋很不高兴，但是又不好完全拒绝，最终只答应拨给刘备4000名士兵和少量的军需物资。刘备看出刘璋对自己已经失去信任，便乘机四处散布舆论，把自己说成为刘璋卖命守城的英雄，把刘璋说成是吝啬且不仁之辈。刘璋对于这些言论渐渐有所耳闻，于是对刘备更加心存戒备。

可能就在这个时候，张松和刘备之间的情报联络出现了问题。张松不知道刘备讨要兵马只是一个幌子，而是信以为真，认为刘备要立刻撤兵救吴。张松感到多年的辛苦努力竟然要付之东流，便很不甘心，于是急忙给刘备写信。在信中，他诚恳地劝告刘备，经过多年的经营之后，益州已经唾手可得，为何在这个关键时候轻易放弃？他同时去信法正，要求他迅速地向刘备转达这层意思。

不料，张松的这封信并没能顺利地传递出去。他的兄长张肃意外地截获了这封信，也因此察觉了张松的间谍身份。张肃是广汉太守，一直备受刘璋重用。作为兄长，他没有顾及兄弟之情，反而害怕张松的间谍行为连累到自己和家人，于是立刻向刘璋进行检举揭发。

刘璋没想到自己如此信赖之人竟然是个间谍，气急败坏之余，他立即下令将张松抓捕并处死。可叹张松虽然一直巧妙行间，行事隐秘，却意外地被自己的亲兄长逼成死间。

张松间谍身份的暴露，导致刘备和刘璋之间的矛盾全面爆发。既然撕破脸皮，刘备便对刘璋大打出手，很快就攻占了益州，并进一步占据全部蜀地，刘璋被迫向刘备投降。

张松数年之内心甘情愿地充当刘备的内间，为其提供大量情报，为刘备顺利夺取益州立下了汗马功劳，也在一定程度上促成了三国鼎立局面的最后形成。从某种程度可以说，张松是以生命为代价，报答了刘备的知遇之恩。为了做好内间，他巧妙地找到好友法正作为自己的情报联络员，从而把自己隐藏得很深。张松间谍身份的暴露，是由于其兄长在一次偶然之中截获了他的信件。这次身份暴露可能和刘璋加强了对刘备的戒备，有着直接关系。正是由于戒备升级，才导致刘备和张松之间联络不畅，致使张松发生判断失误。间谍活动往往就是这样，一着不慎，满盘皆输，而且没有办法悔棋。

2　不惜奔波之苦的战略间谍

汉朝的最大边患是来自北方的匈奴。匈奴是游牧民族，长期逐水草而居，行踪不定。汉朝派出的侦察员，很难掌握他们的准确行踪。为了对付匈奴，汉朝政府没少耗费脑筋，但一直难有成效。往匈奴后方派遣战略间谍，也是当时想出的一招，主要目的就是出使西域，联络西域国家共同对付匈奴。张骞就是其中最为杰出的一位代表。

张骞（？～前114），汉中郡城固（今陕西城固县）人，西汉时期杰出的外交家，古"丝绸之路"的开辟者。其实他本是战略间谍，受朝廷委派，先后三次出使西域，在完成朝廷安排的重要战略任务的同时，还为当时的中西方文化交流和经贸往来做出了杰出贡献。

西汉王朝自建立之日起，历经数十年休养生息，到汉武帝时期国力已经大为强盛，武帝下定决心根除边患。当时，朝廷派遣张骞出使西域，任务和目标都非常明确：联络大月氏和乌孙等国家，劝说他们和汉朝联合，共同抗击匈奴。

建元三年（前138），张骞率众100余人从长安出发，开始向西域进发。由于他们必须经过匈奴控制的地域，所以他们此行具有非常大的危险。果然，张骞的队伍刚出陇西，就被匈

奴的巡逻兵发现，人马立即遭到扣押，被拘禁 10 年之久。这
10 年中，匈奴人强迫他娶妻生子、穿胡服，牧羊、放马、做
苦工，但张骞一直不改气节，始终牢记着西行联络的使命，随
时寻找着重新启程的机会。

在经过漫长的等待之后，张骞终于得到了脱逃的机会，于
是打马扬鞭，顶着风沙雨雪，一路朝西疾行。在经历千难万险
和漫长的等待之后，他们终于找到了大月氏。然而，在抵达目
的地之后，张骞发现大月氏已经长途迁徙，找到一处水草丰茂
之地定居下来，避开了匈奴的长期袭扰和欺凌，不愿意再与匈
奴交战。张骞感到非常失望，只好回国。

在返回途中，张骞再遭劫难。他被匈奴再次俘虏，又被强
行拘禁一年多，后来借着匈奴内乱之机，才侥幸逃出。元朔三
年（前 126），张骞在经过艰苦跋涉之后，终于回到了长安。
跟随张骞出使又随着张骞回来的，只剩下堂邑父一人。

张骞虽然没有完成联络大月氏夹击匈奴的任务，却在往返
西域途中，对西域诸国的山川地理、风土民情等重要情报，有
了非常全面的掌握，使西汉王朝第一次得以细致地了解到关于
西域的一些真实情况。在张骞出使之前，西汉没有别人到过西
域，而西域也无使者到过长安。由此可知，张骞所获得的情
报，对于西汉王朝具有非常重要的价值。张骞所获得的信息，
后来被汉朝史官整理成为《西域传》长久保存，自此成为朝
廷研究西域军政社情的权威资料。

元朔六年（前 123），西汉组织过一次反击匈奴的军事行
动。在这次战斗中，张骞以校尉之职，跟随卫青出击匈奴。由

于张骞熟悉匈奴地形，更具有丰富的沙漠行军经验，所以他成功地引导汉军在沙漠中找到了大片水草，解救了军队。汉军成功地解决了饮水困难，卫青用兵也得以取得胜利。张骞因此立功，战后被加封为"博望侯"。

元狩四年（前119），汉武帝想对匈奴发动总攻，试图一举击败匈奴。张骞由于对西域情况非常熟悉，再次受到召见。张骞对西域的人情掌故仍然记忆犹新。他对汉武帝说，西域有个叫乌孙（在今中国西北部伊犁河流域）的国家，一直对匈奴心怀忌恨，并不甘心顺从匈奴，如果用重金厚礼对其进行拉拢，说服他们一起袭击匈奴，无疑是斩断匈奴右臂，能为汉军发动总攻创造更为有利的条件。汉武帝觉得他的这番分析很有道理，张骞被任命为中郎将，率将士三百人，牛羊近万头，币帛数千万，再次出使西域。

张骞到达乌孙后，立即将汉朝天子希望他们东迁以联合攻击匈奴的意图，向乌孙国王进行了转达。可惜的是，这个国王已经非常年长，虽对匈奴心怀忌惮，却并不能对汉人立即投以信任，只是答应派若干使者跟随张骞访问长安，等看到汉朝实际情形之后再做决定。张骞感觉乌孙国王能有这样的态度已属不易，便一面张罗乌孙使者回访事宜，一面派副使分别前往大宛、康居、大月氏、大夏等国进行联络，以寻找更多西域国家合作抗敌。

乌孙国王虽然没有立即答应汉武帝的请求，派使者出使长安也只是借机打探这个东方国家的虚实，但这也多少给两国此后的合作留下了一些机会。

元鼎二年（前115），张骞偕同乌孙使者返抵长安。随后，被张骞派到大宛、康居、大夏、大月氏、安息等国的副使，也陆续偕同各国使者来到长安。在目睹汉朝这个东方国家的强大和富庶之后，这些西域国家纷纷决定背叛匈奴，转而与汉王朝合作，这对西汉打击匈奴的总体战略目标的实现起到了非常重要的作用。

公元前114年，张骞因积劳成疾，终于病倒，不久便在长安去世。张骞虽然去世，各国使节还在陆续地来到长安，西汉和西域的联系越来越紧密。

汉代的司马迁在记述张骞的功劳时用了"凿空"一词，这是非常形象而生动的比喻。据《史记索引》，所谓凿空是指"本无道路，今凿空而通之也"。张骞西行的艰苦由此可见一斑。汉朝在与匈奴的交战中所处的主动地位，包括后来多国联合对抗匈奴局面的形成，与张骞的出使也有很大关系。在西行途中，张骞非常注意收集情报。这些情报不仅对当时的交战起了作用，还被班固收录在《汉书·西域传》中，成为了解西域地理人情的珍贵文献而受到历代学者重视。作为一名担负特殊情报任务的使者，张骞不仅要对付来自大自然的挑战，尤其还要防止匈奴的袭击，为此，张骞必须具有多方面的才能，有时甚至需要有求生的能力。饿死于荒野、冻死在寒川、严刑逼供、女色诱惑以及寂寞惶恐等，种种磨难都曾经考验过张骞那颗坚强的心，又都被他一一克服。

东汉时期，班超再次奉命出使西域，其功业与张骞不相上下，所经历的艰苦和危险也丝毫不亚于张骞出使西域时。

班超（32～102），字仲升，扶风平陵（今陕西咸阳东北）人，东汉著名的军事家和外交家。班超出生于一个诗书世家，其父班彪、其兄班固及其妹班昭都是治史名家。但是，班超决意"投笔从戎"，仿效傅介子①、张骞立功异域。

永平十六年（73），奉车都尉窦固出兵攻打匈奴，班超作为随从一起北征，立即显示出杰出的军事才能，窦固随即便派他和从事郭恂一起出使西域，完成敌后侦察和联络外交等任务。

在出使鄯善（今新疆罗布泊西南）的过程中，班固发现鄯善王的态度变化很快，猜测原因是匈奴使者的到来。当天晚上，班超率领手下直扑匈奴使者驻地，杀死匈奴30多人。鄯善王受到班超的鼓舞，终于表示愿意归附汉朝，并把王子送到汉朝作为人质。

由于班超出色地完成了任务，窦固便委派班超继续担任使者。班超带着原班人马，再次开始向西域进发。不久之后，他们到了于阗（今新疆和田）。当时，于阗王广德刚刚攻占莎车（今新疆莎车），气势很盛。因此，匈奴也派有使者驻扎在于阗，名为监护，实为监控。匈奴使者在前，所以当班超一行到了于阗后，于阗王对他颇为冷淡。对此，班固没有感到灰心。他果断杀死当地的巫师，并提着他的首级再次求见于阗王。于阗王感到无比震恐，当即下令杀死匈奴使者，从此归附汉朝。

班超在完成联络和出使任务的同时，一直非常注意收集西

---

① 傅介子，据《后汉书》李贤等注，为北地人。在汉昭帝时出使西域，曾刺杀楼兰王。

域诸国尤其是有关匈奴的情报。他将自己在敌后侦察和收集到的有关资料，进行了系统的总结和整理，并于建初五年（80）上报给汉章帝。在这份报告中，他分析了西域各国的政治、经济和军事形势，也详细汇报了自己的处境，并向汉章帝提出出兵平定西域各国的建议，并提供了一条进攻路线。

汉章帝看到这份报告后知道班超不仅活着，而且还在西域建立了一系列功业，当即决定给班超增派兵力，以进一步扩大战果。第二年，汉王朝又派和恭为假司马，率800名兵士，增援班超。班超一直只以少量兵马为依托，积极开展外交和联络，取得了重要战绩，甚至成功地令西域50多个国家都先后归附汉王朝。可以说，班超至此完全实现了当初立功异域的理想。公元95年，即永元七年，汉和帝下诏赐封班超为定远侯，后人由此而称班超为"班定远"。

公元100年，班超已在西域坚持奋战30年之久，身体状况已经大不如前，必须寻找接替人选。他上书皇帝，请求回国。公元102年，即汉和帝永元十四年的八月，班超总算在残烛之年回到洛阳，但在回洛阳之后仅月余就因病辞世，终年71岁。

班超的出使西域和张骞有着很多类似之处。他们都是汉朝派往西域的使者，都是借出使为名，行用间之实，大量地获取匈奴等西域诸国的经济、山川、道路等重要情报。班超率领小分队长期驻扎敌后，遇到敌情时，他往往能随机处置，果断出击，每每能化险为夷，故此，班超的出使西域相比张骞，更加富有实效。班超以他的大智大勇，为汉朝开通西域道路、为密切汉民族和西北少数民族的关系，都做出了巨大贡献，同时也为后世军事外交斗争中的间谍活动提供了借鉴。

隋炀帝时期，西域问题再次成为隋朝政府需要关注的头等问题，于是裴矩被任命为使者，去完成隋炀帝所赋予的"通西域"的任务。

裴矩（？～627），原名世矩，因避唐太宗讳而去掉"世"字，字弘大，隋河东闻喜（今山西闻喜县）人，隋唐之际著名的政治家和外交家。裴矩深知，要想完成通西域的任务，实现隋炀帝"方勤远略"和"啖以厚利，导之使入朝"的战略目标，首先要充分了解西域的现状，熟悉当地的风土人情和西域诸国的历史风貌等。与班超不同，隋炀帝通西域并不是诉诸武力，而是尽可能地依靠外交手段。做好这些工作，可靠的情报保障是必不可少的。为此，他经常穿梭于武威、张掖及敦煌一带，利用通商和出使等机会，大量收集西域诸国的情报资料，并尽可能迅速地向隋炀帝报告。

裴矩一面多次前往张掖、敦煌一带，积极与高昌、伊吾等国进行接洽，一面积极利用现有资源广泛展开间谍活动。在监管边关贸易期间，裴矩知道西域诸国的富商巨贾经常出入张掖一带，同中原富商进行了大量的贸易活动。这些富商四处走动，周游西域诸国。每到一地，他们便仔细窥探商机，寻找生财之道，因此他们对当地的风土人情、政治面貌等，都非常熟悉。就这样，裴矩很快就想到了通过这些富商来收集情报。

这之后，裴矩利用管理关市的职务之便，积极同各类富商进行交往，大量收集情报。在和这些商人的交谈中，裴矩或装作若无其事，或巧妙变更话题，想方设法诱导这些商人说出相关国家的重要信息。显然，通过这种方法获得的"国俗山川险易"等情报资料，毕竟不是第一手情报，而且有时裴矩还会遇到众口不一的情况，这就需要他再进行一番仔细核对，将商人所提供的每一条信息都仔细查证。为此，裴矩付出了大量的心血，将所收集的情报进行了系统的整理，撰成《西域图记》，共计3卷。

当时有一个时期，隋炀帝几乎每天都召见裴矩，与他详细探讨经略西域的方案。裴矩告诉隋炀帝，中原与西域的隔绝主要是突厥和吐谷浑造成的。而西域国家中，有一些其实一直希望与隋朝结盟，甚至愿意做隋朝的附属国，以期共同对付蛮横的突厥。如果派人联络这些国家，让他们一同出兵夹击突厥，不仅突厥和吐谷浑可以被消灭，西域的稳定也不难实现。裴矩进一步报告隋炀帝，通往西域的道路主要有北、中、南三条，而这些道路中，伊吾、高昌、鄯善是通往西域的门户，敦煌则是最重要的"咽喉之地"。隋炀帝听了他的这些汇报之后，立即将经略西域的重任全权委托于裴矩，裴矩因此获得进一步施展才能的机会。

裴矩所提出的战略方针其实与汉代对付匈奴的策略相差无几，都是先取得与西域诸国的联络，以期实现夹击对手的目的。这既是裴矩长期酝酿思考的结果，也部分得自于过往的经验。不管如何，裴矩长期努力所获得的情报足以令隋朝拓地数千里，立即在经略西域方面显出巨大的成效。

据《隋书》记载，就在大业五年（609），隋炀帝西巡时，众多西域小国夹道迎接。经过裴矩的努力，大业年间，西域的高昌、党项、康国、龟兹、疏勒、于阗等20多个国家，先后派遣使者携带物资进贡，与隋建立了朝贡关系。

裴矩出使和经略西域，同样也是为了实现隋朝长远的战略目标，在这一点上与西汉时期并无二致。只是由于时过境迁，西域变化很大，裴矩所采用的方法也会有所不同。与善用武力的班超相比，裴矩更加注意外交手段，注意方法和策略。裴矩利用监管边境贸易的机会，频繁接触富商借机收集情报资料的做法，也被证明是非常行之有效的办法，至今仍然具有启示意义。正因如此，裴矩也被视为我国历史上第一位公开收集情报资料的间谍。

3 不断翻新的谍战术

魏晋南北朝时期，尤以石勒、韦孝宽、宇文泰等人所展示的谍战谋略值得称道。比如韦孝宽利用伪造书信行间，通过制造谣言来分化瓦解对手，这些手法都非常富有启示价值，为古代谍战史留下了经典案例。

265年，司马炎正式称帝，改国号为晋，史称晋武帝。此后不久，他便将灭吴摆上议事日程。当时，西晋政权内部对于灭吴并不能达成一致意见，尚书左仆射羊祜等人积极支持南下灭吴，也努力为晋武帝出谋划策。泰始五年（269），司马炎任命羊祜为荆州诸军都督，随时准备摧城拔寨，举兵南下。

西晋和东吴的边界线以荆州一线为最长，所以羊祜所负责的地带是灭吴战争最为关键的地区。羊祜到任之后，发现荆州的形势并不是非常稳定，军粮也不是十分充足，于是花费很多精力开发土地，发展农业。羊祜深知情报先行的重要性，在积蓄力量的同时，他派出大量间谍，悄悄潜伏到对岸，积极收集有关东吴的军政情报，为出兵东吴做着积极的准备工作。每当晋人与吴人发生纠纷之时，羊祜都会对吴人坦诚相待。对那些前来投诚的吴人，羊祜一般都是让他们自己决定去留，此举反倒很好地聚集了人气，收买了民心。从他们的嘴中，羊祜也获得了很多富有价值的情报。

当时，晋、吴之间经常互通使者，并在私下里悄悄地往对方派遣间谍。羊祜对于这些使者一直都能以礼相待，并力争对其进行拉拢和收买，有一些间谍被成功策反。通过这些间谍之口，羊祜成功地挖出了那些深深潜伏的间谍，对吴国的情况有了更为充分地了解。羊祜一直非常用心地收集吴国的情报，为他日后撰写《平吴疏》打下了很好的基础，更为顺利灭吴创造了条件。

灭吴前后，羊祜非常重视情报先行，其收集情报的手法也非常多样，而且富有成效。这其中，礼待对方所派出的间谍，借此来破坏敌方的间谍行动，显得尤其突出。这种借情感来进行拉拢和收买的方式，反映出羊祜深谋远虑的一面，至今仍然很有实效性。孙子曾说："反间，可得而用也。"在成功策反某个间谍之后，就可以借此挖出那些深潜的间谍。灭吴之战中，羊祜正是很好地运用了这种"反间"手法。

淝水之战中，朱序借假投降巧妙行间，对当时的战局产生了重要影响，在谍战史上也值得一书。

　　淝水之战是东晋抵抗前秦的一场关键性战役，也是我国历史上著名的以少胜多的经典战例。谢玄如果不能在这场决战中获胜，东晋王朝必将面临更加危险的境地。公元378年的襄阳之战是淝水之战的前奏。前秦军队将襄阳团团围困，东晋名将朱序率领军民坚守襄阳9个月之久，可惜被叛将陷害，城池失守，朱序做了俘虏。朱序被俘之后，受到苻坚的礼遇。苻坚希望朱序能够转而为自己效命，而朱序为了等待机会报效东晋，就此假装投降。

　　383年4月，苻坚不顾群臣反对，命苻融为先锋，带领号称百万的大军自长安出发，水陆并进，声势浩荡地向东晋开进。苻坚认为大破晋军在此一举。为了尽量降低损失，他命令曾守备襄阳的晋军降将朱序前去谢石处游说行间，试图对谢石进行劝降。另有异志的朱序非常爽快地接受了游说的任务，立刻启程赶往谢石大营。在见到谢石、谢玄兄弟后，朱序不但不进行游说劝降，反而将自己在敌营数年内所收集到的有关前秦军队的重要情报详细地向谢石汇报。朱序告诉谢石，如果等到苻坚果真集中起百万大军，那么晋军将很难抵挡，所以应该乘着他们尚未完全到位果断采取军事行动，集中精锐力量消灭苻融，如果挫败其前锋，则可挫伤其锐气，打败敌军。

　　谢石、谢玄得到情报之后，果断进兵，抓紧时机立即对秦军前哨人马展开攻击。初战告捷之后，谢石立即派遣各路大军向前推进。苻坚、苻融在寿阳城头看到晋军布阵严整，一时间对晋军的战斗力有了新的认识。这时候，正好有风吹得八公山头草木摇动，苻坚不禁大惊，言道："这么多兵马，谁说他们兵少？"

晋军水陆并进，试图与秦军接战，但是秦军依靠淝水扎营，使得晋军无法渡河。谢玄并不希望两军一直隔水对峙，使得战事久拖不决。为了打破僵局，谢玄派出使者前往苻融大营进行游说，希望秦军适当后退，让晋军能渡过淝水。苻坚则觉得这是战胜晋军的良机，也可以乘晋军半渡之际发起进攻，于是下令让大军部分后撤。然而，秦军阵营前后相距甚远，战线拉得过长，许多将士并不明白指挥后撤的真正意图，所以，当前军撤退之时，后方的将士误以为是前方部队打了败仗，立即乱了阵脚。晋军先头部队乘机冲到对岸，乘着秦军阵脚大乱之际即刻对秦军发动猛烈进攻。这时候，潜伏在秦军阵中的朱序大声叫道："秦军已经败了！"那些慌乱撤退的秦军不知真假，以为秦军的前方部队果真战败，于是显得更加忙乱，人马自相践踏，死伤无数。苻融试图阻止大军溃败，没想到也被乱兵冲倒，最后被晋兵所杀，苻坚也被乱箭射伤。谢玄则指挥大军乘胜追击，一举收复寿阳。就这样，淝水之战以晋军的大获全胜而告终。

影响这场大决战结局的因素很多，但毫无疑问的是，朱序应当是改变这场战争结局的一个重要人物。在淝水之战中，朱序以投降为名，行间谍之实，成为扭转乾坤的重要人物。东晋因为有了朱序及时提供的重要情报，战争准备有条不紊，战场指挥机动灵活。朱序看到秦军驻扎地点空间狭小、人马混杂，便巧妙地借用时机诈称"秦军已败"，由此导致秦军上下一片混乱，人马自相践踏，最终兵败如山倒。

魏晋南北朝时期还有几起谍战案例，也足可反映出谍战术在此时的新发展。

537年，东魏与西魏爆发沙苑之战。这次战斗，东魏的高欢在军队数量上占据优势，但最终还是被西魏的宇文泰打败。高欢的部队纲纪不整、法制废弛，宇文泰派出的间谍居然能在高欢大营自由出入，充分说明高欢的部队纪律松弛已经到了非常严重的地步。

为了掌握高欢大营的虚实，宇文泰派出达奚武潜入高欢大营，秘密刺探军情。达奚武精心挑选3名精干的部下，都换上敌军的衣服，悄悄地潜入敌营。日暮时分，他们距离高欢大营仅数百步，然后下马窃听到对方的军号和口令。这之后，达奚武一行人便大摇大摆地乘马来到高欢军营之中，自称是巡查夜哨的军官，在高欢军营中四处巡查。在"巡查"过程中，达奚武遇到偷懒懈怠的岗哨，会对其大声斥责，甚至进行鞭打。这令岗哨感到非常恐惧，顾不上分辨真假，只是恳求达奚武宽恕。达奚武神不知鬼不觉地仔细察看了高欢大营的军情，又安全地返回大营，将结果禀告宇文泰。

达奚武行间的成功，固然因其胆大精明、设计巧妙，但也与高欢治军不力、军纪松弛有着直接的关系。根据达奚武所提供的情报，宇文泰采用了诱敌深入之计。东魏将士误以为西魏军力很差，争先冒进，结果被李弼率领铁骑分割成两半。紧接着，各路伏兵一起出击，高欢的精锐部队损失过半，元气大伤。

在东魏与西魏的长期对抗中，高欢也曾击败宇文泰。公元

543 年的邙山会战，高欢凭借出色的随机应变能力成功击败了宇文泰。

邙山会战，宇文泰虽然战败，可并不想放弃虎牢关这个战略要地，于是他派遣间谍悄悄潜入虎牢，并且给守城将领写了一封信，让间谍随身携带。在信中，宇文泰命令守城将领魏光坚守不出，等待援兵。没想到的是，间谍尚未到达虎牢城下就被侯景抓住。经过搜查，侯景很快就发现了宇文泰写给魏光的信件，他灵机一动，立即模仿宇文泰的笔迹和口气，重新写了一封书信，并将书信的内容改成："宜速去。"接着，侯景不动声色地释放了这名间谍，让他携带着伪造的信件进入城里。魏光本来就没打算坚守城池，在看到书信之后，顾不上辨别真伪，连夜撤出虎牢。侯景则因为巧妙收复虎牢之功，被高欢封为司空。

侯景利用书信巧妙行间，是谍战史上的经典案例。侯景充分利用了敌军将领被围困时的恐惧和焦躁心理，判断他们一定会急于撤退，伪造的书信也是利用敌军间谍传递，故而达成奇效，兵不血刃地夺取了虎牢关。

名将韦孝宽也曾巧妙地借用书信行间，而且比侯景更具技巧性。

韦孝宽（509～580），名叔裕，字孝宽，京兆杜陵（位于今陕西西安南）人，杰出的军事家。西魏文帝年间，韦孝宽率军在边境与东魏作战，戍边有功。周武帝即位之后，韦孝宽也是其手下重要的戍边将领。

538 年，东魏和西魏因为边境争端爆发战争，一时间烽烟四起，战祸连连。当时担任南兖州刺史的韦孝宽受命奔赴边境，参加作战。当时东魏大将段琛、尧杰已经占据宜阳（今河南西部、洛河中游地区），并且派扬州刺史牛道恒在西魏边境进行煽动策反活动。这一招果然非常奏效，立即引发当地一些百姓闹事，甚至造成边境骚乱。这让西魏文帝和韦孝宽都大伤脑筋。韦孝宽一直苦思对策，但又一直找不到任何头绪。

这一天，韦孝宽秘密派往东魏的间谍送来了他们费尽周折才搜集到的牛道恒亲笔书写的公文。看到这些公文，韦孝宽灵机一动，决定伪造书信实施离间。

韦教宽连忙吩咐手下找来军营里最擅长模仿别人字迹的人，命他立即模仿牛道恒的笔迹写一封信。书信的大意是说，牛道恒心甘情愿马上归降韦孝宽。就在这封信刚刚写完，墨迹未干之际，韦孝宽突然取过信来，放在火上烧了一下，信纸的一角立即烧焦了。这让模仿笔迹写信的人大感不解。韦孝宽却笑了，说："这么做，是为了让书信更有真实感。段琛会怀疑牛道恒写完信后害怕走漏风声，曾经想把书信烧毁。这样子他才会相信书信的内容。"

书信写好之后，韦孝宽再让间谍把这封残信送到段琛军营，然后故意丢弃在段琛大营一个不起眼的角落里。士兵偶然间发现这封书信，连忙呈送段琛。昏黄的灯光下，段琛展读信件，不禁双眉紧锁，大吃一惊："没想到这牛道恒竟敢变节投敌！"他不敢相信自己的眼睛，连忙找来牛道恒的笔迹进行对照，发现果然是牛道恒的笔迹，便对书信内容不再产生丝毫怀疑，也对牛道恒完全失去了信任。此后，牛道恒所提出的一切作战建议，不管合理不合理，段琛都以冷笑置之，一概不予理睬。起初，这让牛道恒非常纳闷。时间一久，牛道恒不免对段琛心生怨恨，双方的裂痕开始变得越来越深。

东魏两位戍边将军闹出矛盾，正是韦孝宽实施离间计所希望达到的效果。韦孝宽抓住时机，采取各个击破的办法，分别袭击段琛和牛道恒大营。面对韦孝宽的进攻，各自心怀异志的东魏将军互不援救，结果先后被韦孝宽击败，段琛、牛道恒也都被活捉，韦孝宽所防守的边境终于获得安定。

韦孝宽使用伪造信件的方法实施反间计，其中至少有几个值得称道之处：第一，不是直接去敌营散布假消息，而是借助伪造书信这种间接手段；第二，在找人模仿笔迹写好信之后，故意用火烧毁其中一角，使得书信成为残信；第三，伪造的书信不是直接传递到段琛手里，而是让间谍放置在敌营，依靠对方士兵完成关键的传递任务。韦孝宽使用这些手段，无疑都是为了使得书信更具真实性，让对手更容易中计。

554 年，即西魏恭帝元年，九月，韦孝宽作为大将军与柱国大将军燕国公于谨等领兵 5 万进攻梁朝，由于战争获胜，因军功再被封为穰县公，拜尚书右仆射，赐姓宇文氏。557 年，宇文觉取代西魏称帝，是为孝闵帝，定国号为周，史称北周，韦孝宽官拜小司徒。557 年，北周明帝宇文毓即位，任命韦孝宽为勋州刺史，镇守玉璧。

北周的劲敌是北齐，两国之间多次交战，结下深仇大恨。在和北齐对峙期间，韦孝宽多次使用间谍战获得奇功。他趁着和北齐关系改善之机，秘密遣送间谍潜伏在北齐，多方打探北齐情况。

由于韦孝宽善于抚慰部下，深得人心，他派出的间谍都心甘情愿为其效命。与此同时，他也通过收买的方式，拉拢了不少齐人作为内间，所以，北齐的一举一动都为韦孝宽所掌握。

由于北周和北齐两国接壤且互为仇敌，所以便互相往对方派遣间谍，以致"敌中有我，我中有敌"成为常态。当时，韦孝宽手下有一位名叫许盆的将领，非常骁勇善战，一直被韦孝宽视为心腹，却不幸被北齐间谍所收买。这一天，许盆奉韦孝宽之命前去镇守一座城池，没想到他在领命之后却迅速投降北齐。韦孝宽深知许盆此后必将会成为北周的心腹大患，如果不能为己所用，就必须及早除掉。韦孝宽委派手下一名得力的间谍悄悄地潜伏到许盆身边，寻找机会刺杀许盆。不久之后，这名间谍便成功斩获许盆的首级回到大营。

韦孝宽经历战阵无数，经常获胜，但在与北齐名将斛律光的交战中，不幸落于下风。公元 571 年，他在汾北被斛律光挫败，于是再次决定利用间谍活动挽救局面。

斛律光，字明月，能征善战，还是一位能弯弓射雕的神射手。在与北周的对抗中，他曾立下赫赫战功，先后击败了宇文宪、宇文杰，给北周造成很大威胁。可以说，正是靠着斛律光的努力，北齐政权才得以和北周对抗。

自从在汾北被斛律光击败之后，韦孝宽一直想除掉这个对手。他反复琢磨，终于编造出一首歌谣："百升飞上天，明月照长安……高山不推自溃，槲树不扶自竖。"这里的升，原指旧时容量单位，10 升等于 1 斗，100 升即 10 斗，等于 1 斛。歌谣中的"百升"，即影射斛律光的"斛"字。北齐王姓高，歌谣中的"高山"，即影射北齐王；"槲树"影射斛律光。这两句歌谣的意思是说，斛律光将要当皇帝，北齐王就要垮台了。

歌谣写好之后，韦孝宽命令间谍们把写有这些歌谣的传单，散发到北齐的京城邺（今河北临漳）。北齐后主只是个15岁的小孩，不谙世事，匆忙和祖珽商量计策，计划除掉斛律光。斛律光正在前线督战，忽然受到后主召见，不敢怠慢，连忙收拾行装回到京城，赶到皇宫拜见后主。看到斛律光入宫，后主安排埋伏在宫殿里的刀斧手一拥而上，立即将其抓捕，并随即处死。一代名将斛律光就这样被韦孝宽用计除掉。

韦孝宽通过编造歌谣的方式杀掉斛律光，手段也非常高明。歌谣具有便于传唱、朗朗上口的特点，更加有利于传播。歌谣在民间反复传唱，更容易动摇军心和民心，也更容易使人相信。古代社会，人们曾借用民间歌谣上演过不少惊天动地的故事，韦孝宽的这次行间也是其中一个非常精彩的实例。

4 死间：难以避免的沉重

孙子在《用间篇》对间谍进行了分类，一共为5种，"死间"是其中一种。孙子还就死间的运用方法等，进行了探讨。孙子说："死间者，为诳事于外，令吾间知之，而传于敌间也。"所谓"诳事于外"就是情报欺骗，令我方间谍知晓，再想法传于敌间，这是利用情报欺骗来达成己方意图，但如此一来，我方间谍就会暴露身份，性命不保，故此称为死间。关于"死间"，日本樱田本作："死间者，委敌也。"将间谍的性命完全置之敌手，只是为了获取重要情报，这也可以生动说明"死间"的内涵。在孙子看来，战争必用间，用间则必用死间，虽说残酷，但其中体现的是一种客观而务实的精神，反映出他对间谍与战争的关系有着深刻认识。下面介绍汉唐期间几个著名的死间案例。

郦食其[①]（？～前203），陈留高阳（今河南杞县西南）人，少年时常混迹于酒肆，自称高阳酒徒。当他看到刘邦的军队经过陈留时，认定刘邦可以成就大业，于是前往求见，献上自己智取陈留的计策。此后，郦食其主动担任说客，劝说陈留县令投降。陈留县令起初犹豫不决，却终于因为惧怕秦法的苛刻严厉，会连累到一家老小，最终还是选择了拒绝。看到游说不起作用，郦食其不声不响地退下。但就在当晚，他突然潜入县令住所，乘着左右无人之机，举刀杀死县令，带着县令的人头再次求见刘邦。刘邦立刻引兵攻打县城。他命令手下将县令首级高高悬挂，城上守军看到县令已死，军心涣散，就此开城投降。刘邦得到大量兵器和粮食，俘虏士兵一万多人，军力得到极大补充。

公元前207年，刘邦率军攻克南阳，抢占武关，打通了一条由东南方向进入关中的通道，并直抵峣关（今陕西蓝田县东南）。峣关地势险要，易守难攻，是防守咸阳的最后一道防线，所以秦军派有重兵把守。在张良的建议下，刘邦一面派人在山上多张旗帜，虚张声势，一面派郦食其和陆贾去秦军大营

---

① 据《汉书》颜师古注，"食"音同"异"，"其"音同"基"。

游说秦将，先是说服秦军守关将领投降，接着乘守军不备，突然发起袭击，一举占领峣关。

公元前204年，韩信受刘邦之命攻打齐国，但在到达平原（今山东平原县东南）后却停止了前进的步伐。刘邦长期处于被动局面，师老兵疲，非常着急。郦食其主动请缨，充当说客，劝说齐王归顺。

郦食其对齐王说，天下将来一定是刘邦的，因为刘邦率先攻下咸阳是天意所归，而项羽杀害义帝，天下人都对他痛恨不已，当各地诸侯都纷纷前来归顺汉王，齐王却还在观望，灾难马上就会降临。看到齐王有所心动，郦食其向齐王保证，会让韩信写一封同意退兵的信以表诚意。韩信当然答应所请，写了回信，同意退兵。齐王马上传令守备的军队解除警戒，并设酒宴款待郦食其，昼夜饮酒庆贺。

韩信写好回信后，便准备收兵与刘邦会合，攻打项羽，却遭到谋士蒯通劝阻。蒯通认为，韩信奉命攻打齐国费了许多心机，如果郦食其只凭三寸不烂之舌就拿下齐国70多座城池，而韩信率领数万精兵用了一年多时间才攻下赵国50多座城池，如此相比，韩信居然比不过一介儒生。听了这番话，韩信的态度立即发生改变。他随即率领兵马渡过平原，向齐国杀将过去。齐军本已解除警戒，故此立刻被杀得人仰马翻，韩信大军很快便直逼临淄城下。

看到韩信大军杀到，齐王非常震惊，连忙吩咐把郦食其抓来问罪。齐王痛骂郦食其和韩信串通一气，欺骗自己。此时，郦食其无论如何辩解，已经无济于事。齐王命令手下把郦食其丢进沸腾的油锅活活烹死。就这样，郦食其在即将大功告成的时候，意外地被韩信逼成"死间"，殊为可惜。

郦食其"借出使为名，行用间之实"，曾受到战国时期纵横家的影响。郦食其显然曾认真学习过纵横家学说，因此他才能与刘邦"言六国纵横时"。能将敌情往来通报，是纵横家行间的重要特点，也是他们的强项。明代刘寅在《孙武子直解·用间篇》中，将郦食其归于"死间"的代表人物。郦食其不幸惨死，成为"死间"，虽则出于己方人员求功心切和嫉妒心理，却加快了刘邦统一天下的步伐。

唐代也出现过一个著名的关于死间的案例，李靖为取得出人意料的效果，不惜将唐使逼为死间，出奇用兵，最终赢得了战争胜利。

李靖（571～649），字药师，京兆三原（今陕西三原县东北）人，唐朝开国勋将之一，为人处事都很有侠士风范。据说他自小便具有文武才略，其舅韩擒虎为隋朝名将，常与其讨论兵法，曾称赞他说："可与论孙、吴之术者，唯斯人矣。"

唐朝初年，突厥成为最大的边害，多次入境掳掠人口和财物，严重时甚至迫近长安。李世民决心对突厥大举用兵，以根除边患。公元629年底，李世民任命李靖为总指挥，率领10万大军，兵分六路进攻突厥。

630年正月，李靖率领大军冒雪抵达朔州。前方间谍探知突厥刚刚遭受雪灾，正处于饥寒交迫之中，军心很不稳定。李靖在得知这一情报之后，决定抓住时机，火速用兵。于是，他亲率3000名精锐骑兵，星夜急驰，突袭突厥吉利可汗驻地定襄。唐军如同自天而降出现在吉利面前，吉利大惊失色，惊恐地对部下说："唐兵如果不是举倾国之兵而来，李靖岂敢孤军而至？"于是他坐卧不宁，惶恐不安。

李靖抓住机会，立即派间谍前往游说吉利大将康苏密，离间他和吉利的关系，最终使得康苏密投降。吉利眼看大势已去，只得下令弃城逃跑。李靖则乘胜发起追击，一路斩杀敌军。吉利一路往阴山逃窜，在经过白道时，又遭唐军拦截，只剩下数万残兵，仓皇退守铁山。

稍得安息之后，吉利一面遣使到长安请降，以作为缓兵之计，一面整兵备战，准备卷土重来。见此情形，唐太宗派遣鸿胪卿唐俭和将军安修仁，前往吉利大营进行游说和抚慰。李靖深知吉利请求投降只是一个阴谋，于是乘着唐俭等抚慰吉利的时候悄悄进兵，率领精锐骑兵一万，准备出敌不意，一举克敌。李靖的手下张公谨劝说李靖不要在此时出兵，李靖不予理睬。他说："这个时候正是出兵的好时机。时不可失，我们不妨学习韩信破齐的方法。如唐俭等辈，何足惜。"

韩信破齐实则是把郦食其当成死间，对齐王发起突然袭击，一举击破齐国。李靖认为，唐俭出使并不能实现游说吉利投降的目的，不如效仿韩信，将唐俭等使者当成死间，对突厥发起偷袭。

突厥见唐俭等唐朝使节来到，果然很是洋洋自得，以为自己的缓兵之计已经得逞，于是放心饮酒作乐，疏于防备。李靖突然挥师发起进攻，令突厥军队根本来不及做出反应，只得四处逃窜。吉利的妻子和孩子均被活捉，而他本人侥幸只身逃脱，但在不久之后也被唐军俘获。至此，为害北疆数十年的突厥被彻底击垮，北部边境此后几十年之内再无战事。

乱战之中，使者唐俭幸运地保住性命，受到唐太宗封赏。尽管唐军获胜，朝廷上下还是对李靖不顾唐俭安危突然出兵的行为议论纷纷。唐太宗李世民对此也持有异议，认为李靖是故意将唐俭充当死间。对此，李靖辩解说，为了"去大恶"，就不能"顾小义"，获得唐太宗的谅解。

李靖之所以能够被李世民谅解，毕竟还是因为他取得了战争的胜利，确保了边境安全。李靖不拘一格，果断决策，置唐俭等人性命于不顾而突然发起攻击，一方面是因为他善于捕捉战机，另一方面更是因为他对"小义"有着自己的认识。很显然，逼唐俭为死间的做法，需要相当的胆识，也可以启示人们深入思考间谍运用时的一些原则性问题。

朱温也有巧用死间的案例。朱温是一个善变之人，正是因为善变，他才能在唐代末年的乱世之中发展成为一方的豪强。狡诈的朱温善于见风使舵，出身清苦的他也善于掌握部下的心态，善于笼络人心。马景就曾受到朱温的感召，甘愿充当死间，帮助朱温打败劲敌李茂贞。

李茂贞同样是一位乱世之中成长起来的豪杰。902年夏，朱温率兵在虢县（今陕西宝鸡）一带与岐王李茂贞相遇。面对朱温的进攻，李茂贞一直坚守不出，不战也不和，试图拖垮劳师远征的朱温。这时候，正好遇到了阴雨天气，朱温军中伤病兵士也多，显然经不起李茂贞的拖延战术。朱温就此一筹莫展，甚至决定撤兵。他召集将领商议对策，高季昌坚决反对撤兵，主张派间谍前往李茂贞大营，诱其决战，朱温对此表示赞同。

得知朱温招募之事后，一位名叫马景的下级骑士主动找到朱温和高季昌，甘愿冒险完成这个任务。朱温立即接见了马景，高季昌向马景说明他所需要完成的任务，马景立即明白这次行间必无生还之理，只求朱温能帮自己照料好妻儿。朱温听了这些话，不免感觉"凄然"，就此劝说马景放弃此次任务。可能是朱温的"真情实意"深深打动了马景，他一再坚持，坚决要求冒死执行这次行间任务。于是，朱温便和高季昌、马景一起商定行间之策。

第二天清晨，马景带着一队士兵出去巡逻。在巡逻至岐军大营附近时，马景突然甩开其他士兵，跃马扬鞭，直奔李茂贞大营而去。其他巡逻兵立即纵马追击，大声呼喊着"捉拿逃兵"，配合马景的出逃。在佯装追击未果之后，这些巡逻兵也适时撤回，任由马景顺利地逃到敌营。

马景到达李茂贞大营后，谎称自己在朱温那里受到了不公平待遇，所以一直想弃暗投明前来投靠岐军。李茂贞正迫切地想知道朱温大营的军情，立刻把马景带到帐中严加审问。面对李茂贞，马景从容不迫。他谎称朱温看到无法攻击取胜，正计划撤军，而且军中伤病人员日益增多，粮草供应吃紧。李茂贞根据自己和朱温打交道的经验，感觉打不赢就跑确实是朱温的一贯作风，也符合目前两军态势，所以相信了马景，继而要求马景在袭击朱温时为其带路。

这时候，李茂贞派出的探子也回来报告说，朱温的大营内人马不再喧哗，情形与往日不同。这让李茂贞更加相信马景所报告的情况是千真万确的，也不再对马景产生丝毫怀疑。他命令部队在黄昏时分做好一切攻击准备，计划趁着天黑对朱温大营发动总攻。

李茂贞大队人马急匆匆地直扑朱温大营，到达后发现除了零星的灯火之外是死寂一片。李茂贞心中大喜，看来朱温主力果然已经撤退了。于是，他一马当先冲入敌营，可就在这时，朱温大营一片喧哗，杀声震天，等李茂贞再喊撤退已经来不及了。李茂贞的军队立即被冲得七零八落，死伤无数。经过此役，李茂贞元气大伤，损失惨重。他所管辖的地区也被朱温大量攻占，只得请求免去自己的职衔，上表称臣，投降了事。

这次作战中的关键人物是冒死前去敌营行间的马景，按照欧阳修等人的记载，他被杀死了。仅以常理推断，马景也会被气急败坏的李茂贞处死，生还的可能性极小。

明代的赵本学在注解《孙子·用间篇》时，将马景视为死间的代表。从马景的冒死行间到最后的诱敌深入，都是经过了非常严密的设计，并且都得到严格的执行。孙子说："非微妙不能得间之实。"可以说，如果这次行间过程中，任何一个环节出现了问题，都可能会前功尽弃，无法实现预期目标。孙子在《用间篇》中说："死间者，为诳事于外，令吾间知之，而传于敌间也。"相信实际的谍战一定比理论更为复杂，死间也可能会分很多种。无论如何，死间的出现，充分说明战争的残酷性和谍战的复杂性。

三 两宋时期的谍战

960年，赵匡胤发动陈桥兵变，自此黄袍加身，建立宋朝。宋朝经济发达，文化繁荣，但在军事上却乏善可陈，一直面临着北方民族的侵扰。先是辽，后是金，最后是元，先后都对宋人构成致命打击。不少人将宋、辽、金也视为三国鼎立的时代。在这三国对峙期间，除了战场上的杀伐连连之外，互相之间免不了会互派间谍，谍战此起彼伏。上至国君，下至平民，皆可能是谍战的行家里手；左则文臣，右则武将，都可在谍战中建功。丰富的谍战，使得谍战谋略和谍战理论得到很大发展。

1 国君善间，国可得福

两宋时期，国君之中善用谍战的，首先当数北宋开国国君赵匡胤，其次则数西夏的开国之君李元昊。

在巧妙夺取后周政权之后，赵匡胤采取各个击破的战略，陆续剿灭各路割据诸侯，成功地统一了中原，为建立更为强大的北宋王朝而努力。荆南（今湖北荆州市）高氏是当时实力相对较弱的一个割据政权，而且属于四战之地，赵匡胤决定从这里开始他的统一之路。

北宋建立时，荆南的统治者——节度使高保融由于性格懦弱、才能平庸，而对宋朝表示臣服。高保融死后，高保勖继位。高保勖同样是个无能之辈，由于其治国无方，造成民怨沸腾、军心动荡，高氏政权也由此而日渐衰落。

赵匡胤时刻关注着荆南动向。高保融死后，赵匡胤立刻派出兵部尚书李涛前往荆南，借吊唁之名打探虚实。后来赵匡胤曾一度想出兵征伐，又感觉时机并未完全成熟，这才作罢。建隆三年（962），高保勖病死，其长子高继冲继位。这时，湖南割据政权首领周保全向大宋求援，这让宋太祖赵匡胤又升腾起征伐的想法。于是，赵匡胤派卢怀忠再次以吊唁为名，前往荆南侦察敌情。临行前，赵匡胤特意嘱咐卢怀忠，一定要认真收集相关荆南的军政社情和山川险易等情况。

卢怀忠精心准备之后，便借出使为名，大量收集有关荆南的重要情报，然后将详细情况上奏赵匡胤。报告中这样写道：高继冲甲兵虽整，但是控弦之士不过三万罢了；收成虽然好，但老百姓一直苦于当权者的横征暴敛。荆南南面接近长沙，东边是金陵，西是巴蜀，北奉朝廷。观察其形势，南荆应该坚持不了多久。收到这份情报后，宋太祖马上又召来宰相范质等进行商讨。赵匡胤说："江陵是四分五裂之国，如今我们出师湖南，假道荆渚，然后顺道取之，才是万全之策。"君臣一番商议之后，就此定下假装借道、智取南荆的用兵策略。

建隆四年（963）正月，赵匡胤派卢怀忠为前军步军都监，率领数千军士前往襄州（今湖北襄樊）。二月上旬，卢怀忠大军抵达荆门（今湖北荆门）。高继冲不知是计，派人前去犒劳宋朝军队。这时候，李处耘乘着黑夜率领数千轻骑偷袭江陵，南平政权就此被消灭。不久，湖南也获得平定。

宋军很快就举兵占领荆湘，不能不引起后蜀帝孟昶的惊恐。他一度想派出使臣前往结好，以示臣服，却遭到手下激烈反对。为做好伐蜀准备，宋太祖则多次派出间谍，努力打探蜀中地理情报。赵匡胤任命张晖为凤州团练，秘密潜入西川，大量收集四川的情报。张晖果然没有辜负宋太祖的厚望，对蜀地的虚实、险易情况进行了认真打探。张晖还根据自己的侦察，将巴蜀地区的山川险要绘制成一幅详细的地图呈给宋太祖。

乾德二年（964），孟昶派遣间谍孙遇、杨蠲、赵彦韬悄悄地联络北汉，以合力攻打宋朝，没想到赵彦韬早被宋军间谍所收买。赵彦韬在到达京师之后，立即偷偷地将蜡丸帛书献给宋太祖，宋太祖高兴地说："我们师出有名了！"原来，在张晖获得大量关于后蜀的战略情报之后，赵匡胤就制订了详细的攻打后蜀的作战计划。为了师出有名，赵匡胤一直在等待一个出兵的借口。眼下，既然孟昶企图勾结北汉夹攻汴梁，宋军攻打后蜀就师出有名了。赵匡胤随即任命工全斌为主帅，崔彦进为副帅，多路进兵，直取蜀地。

十二月，在间谍赵彦韬等人的带领下，大宋的北路军连续在兴州、西县和三泉击败蜀军；而东路军则沿着长江西上，连续击败后蜀水军。次年正月，王全斌率军抵达成都，后蜀帝孟昶出城投降。宋军征讨后蜀的战争，仅仅进行了两个月就宣告结束。

此后，宋太祖一面布置讨伐南唐，一面计划剿灭北汉。因此，就在宋军大举南下的同时，宋在北部边境与北汉之间的间谍战从来就没有中断过。

乾德六年（968）七月，宋军抓获一名潜伏的北汉间谍。赵匡胤觉得这正好是可以借用的机会，于是就放走间谍，并通过这名间谍向北汉君主刘钧带话说："你们和周氏才是世仇，我们素无恩怨，如今为何兵锋相向？如果真是有志统一中国，就请速速出兵，以决胜负。"刘钧得到传话，干脆派遣这名间谍再次潜入宋朝，并且回话说："河东的土地、兵甲，不足当中原之十分之一。守住区区弹丸之地，不会有什么前途的。"宋太祖听到这样的回答，笑着请这名间谍替自己传话：一定不会为难北汉君主，会给他一条生路。宋太祖此举是想借间谍之口来麻痹对手，从而进一步获得讨伐北汉的良机。

当然，刘钧并不相信赵匡胤会就此彻底放弃对北汉的图谋，丝毫没有放松对宋朝的间谍战。公元969年，北汉派出间谍对李谦溥的部将刘进进行离间活动。刘进是李谦溥手下猛将，勇力超人，多次立有战功，北汉一直视其为心腹之患，因此试图设计除掉他。为此，北汉的间谍制作了一封致刘进的蜡丸书，然后故意遗失在宋军经常路过之地。这封蜡丸书受到宋军的高度重视。赵赞得到它之后，立即呈报宋太祖，宋太祖下令将刘进押往京师受审。李谦溥感觉其中有诈，便立刻以全家性命做担保，禀明宋太祖："此乃反间也。"宋太祖恍然大悟，立刻释放了刘进，挫败了北汉的反间计。

针对北汉的谍战，宋朝采取了针锋相对的策略。为了大量收集有关北汉的重要战略情报，宋太祖派出间谍，成功地策反了北汉的谏议大夫郭无为。此后，宋太祖又派惠璘作为间谍，潜入北汉，继续收集情报。惠璘以获罪为名，逃往北汉，立即就受到郭无为的举荐，被任命为供奉官。公元969年初，当宋朝军队攻打北汉的时候，惠璘已经掌握了大量的重要情报。他很想送回宋军营中，没想到的是，他的这一计划意外败露。当惠璘被押送至太原之后，正好被送到郭无为处受审。郭无为对惠璘的间谍身份心知肚明，因此并不多加审问，就当即予以释放。费力抓到惠璘的官员当然非常生气，很想把惠璘间谍案给捅出去，希望挽回损失。没想到的是，郭无为抢先一步得到这一消息，他随即杀人灭口，从而将惠璘间谍案成功地掩盖了起来。

当然，郭无为的间谍身份最后还是不慎暴露了。公元979年，宋太宗征北汉时，郭无为很想举兵作为内应，没想到他的这个计划泄露出去，最终被施以绞刑。

虽然最终惠璘和郭无为先后因身份暴露被杀，但北汉的重要军情还是被宋廷悉数掌握。太平兴国四年（979），宋太宗举兵征服北汉，北汉主刘继元出城投降。

宋太祖是一位用间高手，他派出的间谍也大多是收集情报的好手。无论是卢怀忠，还是赵彦韬，他们都非常善于收集对方高层的情报——也可称之为战略情报。宋太祖正是依靠这些情报，最终决定是否发动战争、如何发起战争。宋太祖组织策划间谍行动，虽然都非常严密，但也出现了郭无为等的不慎暴露。孙子曾说"事莫密于间"，这确是一个必须坚持的原则，但百密一疏，在对手严密的防守面前，终究也会有暴露的危险。

李元昊（1003～1048），西夏开国皇帝，党项族人，为北魏鲜卑族拓跋氏之后，李姓为唐所赐，后来宋赐姓赵，因此也称赵元昊。他在即位之后，一直模仿汉人建章立制，随后便逐步摆脱宋朝统治，并与宋进行了多次战争。北宋与西夏之间的战争，北宋输多胜少。李元昊善于运用间谍战，是其获胜的一个重要因素。

起初，北宋为了笼络人心，一度加封李元昊为平西王，没想到他并不领情。他非但不表示臣服，反而利用宋廷授予的名号大肆进行间谍活动，为独立和建国做着积极准备。比如，利用和北宋通商的机会，李元昊经常让一些间谍伪装成商人模样潜入宋朝，大量收集有关中原山川地理以及宋军的重要情报。

为了摸清楚宋朝底细，李元昊非常重视从北宋招揽人才，不惜重金收买汉人为其服务。据《宋史·夏国传》记载，李元昊的智囊团中除了党项人之外，还有诸如张陟、张绛、扬廊、徐敏宗、张文显等一大批汉人。原来，李元昊早就通过间谍之口得知，在北宋有不少自恃雄才大略的文人，因为得不到朝廷重用而一直郁郁不得志。李元昊深知，这些人正是可以拉拢的对象，于是派人秘密进行招募。很快，他得知张元、吴昊是两位很有才华的失意文人，便派出间谍对其进行收买。张、吴二人自恃才高，却一直不曾受到朝廷重视，听说西夏有意窥伺宋朝，便叛逃过去。到了西夏之后，李元昊果然对他们非常赏识，很快便委以重任。数月之后，李元昊还派人秘密潜入宋境，将他们二人的家眷接了过来，好让他们更加死心塌地地为西夏效命。

除此之外，李元昊还非常注意收买宋朝皇宫中因年老色衰而被逐出宫的宫女。李元昊深知这些宫女对北宋宫廷的事情有着较多了解，当她们被弃用之时，正好是可以利用的好时机。通过她们，李元昊可以很方便地打探到有关宋朝皇宫的重要情报。

1041 年，李元昊指挥西夏军队在好水川成功地击败了宋将任福。在这场战争中，李元昊同样是充分利用间谍战，对改变战争结果起到了关键性作用。当战争发起之后，李元昊先是故意败下一阵，并且留下一些间谍在战争中主动当了俘虏。当任福审讯这些俘虏的时候，充当俘虏的间谍欺骗任福说，在好水川还有少量西夏军队，而且李元昊也在那里，防守并不非常坚固。被胜利冲昏了头脑的任福信以为真，率领骑兵孤军深入。当他一路追赶到好水川时，已经是 3 天后。长途奔袭令任福所部人困马乏，而且粮草也出现匮乏。就在这时，李元昊指挥西夏大军四面掩杀过来。疲惫的宋军尚未来得及列好阵，便被西夏铁骑冲得七零八落。宋军在这次战争中全军覆没，任福也身中十余箭，连同其他将领一起相继阵亡。

李元昊拉拢和收买宋人，都是非常富有针对性。科考失意的文人，可以发挥其聪明才智；深藏宫中的宫女，可以刺探核心机密……这些无不显示出李元昊心机深沉的一面。由于对北宋政权的情报可以及时掌握,西夏不仅找到了一个很好的独立时机,也在此后与宋军的交战中处于主动地位。可以说,强大的情报工作,给了李元昊与北宋叫板的本钱。

2   将军善间,军得利器

很显然,间谍战与领兵作战的将军有着直接的联系。孙子曾说,能用上智为间的就是贤将,必定成就大功。两宋时期,善于用间的将军不在少数,这里选取李允则和岳飞作为代表。

李允则(953~1028),字垂范,孟州(今河南孟县)人,北宋真宗时期的戍边将领。他在守卫边疆期间,非常重视利用各种手段收集敌方情报,尤其善于利用榷场(宋、辽边境贸易场所)进行谍战,取得了很好效果。

1005年,宋辽签订了"澶渊之盟"。自此之后,两国之间大规模的战争和军事冲突基本宣告结束,长期中断的边境贸易获得大规模增长。这个时候,专门用于商贸的榷场便应运而生。榷场的开设,对于繁荣经济和发展边境贸易都起到了积极作用,但是,到榷场从事贸易活动的入员非常复杂。辽国不少间谍都以商人身份作掩护,通过榷场秘密地潜入宋境,大肆进行间谍活动。对此,不少宋朝官员都感到非常的棘手,甚至有人主张立刻关闭榷场,以求得边境的安宁和稳定。

李允则出任镇州刺史之后,不但不关闭榷场,反而一度放松对榷场的管理。不仅如此，他还把原来管理榷场的纯军事机构更换成纯商业的巡检机构。李允则认为，故意放松对榷场的监管是一种"以我无用易彼有用"① 的做法，可以麻痹对手，引诱对方间谍出动。

李允则表面上放松了对榷场的监管，暗中仍然不忘战备。宋辽之间刚刚修好，李允则不敢有丝毫的大意，并不因为战事已经平息而放松对城池堡垒的修理整治。他的这一做法一度受到辽方质疑，宋真宗也下诏询问此事。李允则回答说："只是刚刚修复关系，不能忘记战备，否则日后会有不测边患。"宋真宗觉得李允则所说很有道理。

当时雄州城北有座旧城叫彻城，李允则很想将其与大城合而为一。为了不引起辽国的激烈反应，李允则先建东岳祠，并摆出黄金百两作为供器，而且并不严加看管，这当然很容易导致供器丢失。这时，李允则声称盗贼从北方进来，他在下令缉捕盗贼的同时，也派人迅速修筑城墙，并将雄州原有城墙修葺一新，就此与彻城连成一体。等辽方间谍侦知此事时，一切工程都已经完工。

某年元宵节将至，李允则得到消息说辽国将派边境官员乔装前来雄州，借观赏花灯之际打探雄州虚实。李允则便在暗中布置，准备用反间计除掉他。到了第二天，守城士兵果然发现有打扮成商人模样的紫衣客，希望趁机混入城中。看到敌酋如期出现，李允则按照事先所作安排，让手下恭敬地在郊外迎

---

① 《宋史·李允则列传》。

接，然后善加款待，派出美女侍奉左右，呈上美酒供其畅饮。等这名假扮富商的敌酋离开的时候，李允则还派人一直进行护送。辽国的间谍知道了这一切，以为紫衣客被李允则收买，秘密将这一情况上报。几天之后，这名化妆成富商的敌酋便被杀。原来，他正是幽州的统军。

善于用间的李允则对敌方间谍也有一套独特的处理办法。通过榷场，李允则得以抓到很多辽方潜入的间谍。对于这些间谍，李允则都能很好地加以利用，努力进行策反，直至为我所用。有一次，李允则的手下抓获了一名辽国的间谍，李允则不但没有立刻处死他，反而为其松开绑绳，予以盛情款待。辽军间谍很感动，便将自己所刺探的有关宋军的重要情报悉数告诉了李允则。李允则听完之后说："你所得的情报很多是错的。"他随后提供给间谍另外一份有关宋军兵马、粮草的情报。这位间谍半信半疑，便要求李允则将情报加上封条，盖上印章，李允则一一应允，并立即释放了他。没想到的是，该间谍在被释放之后不久，又返回宋军大营，奉还了李允则提供的所有情报，甚至连封条都原样未动。紧接着，他便拿出自己所收集到的有关辽兵的兵马、财力以及地理情报，恭敬地呈递李允则，以表示自己的报答之情。孙子曾经说过："非仁义不能使间。"李允则对敌方间谍这种"厚遇"，成功地策反了辽方间谍，取得了很好的效果。

有一次，有边民来诉讼说自己被契丹民打伤，要求官兵去抓捕。李允则只是给这位伤者一些钱疗伤，并没有前去进行抓捕。大家都以为李允则是出于对辽方的惧怕。过了些日子，辽方派人前来询问此事，问有没有辽人打伤宋人的事件。李允则派人回答说"没有"。原来，李允则知道这是辽方间谍战的惯用手法，以故意打伤汉人，作为考察己方间谍执行任务情况的一个凭证。辽方这次派出人员询问这次打人事件，正是想对前一次的间谍活动求得一些验证。经过李允则的巧妙处理，辽方认为上次派出的那名间谍说谎，于是就杀了这名间谍。

李允则依靠自己所建立的谍报网，很好地做到了"知彼知己"。一次，宋朝有一名罪犯逃到辽国，李允则发去文书要求辽方遣送回境。辽国故意回答说："不知在哪。"见此情形，李允则告诉他们在某处隐匿，辽国感到非常震惊，不敢再进行隐瞒，立即痛快地将这名逃犯遣送回宋境。

李允则利用开放榷场的机会巧妙施展间谍战，显示出他掌控局势、把握大局的能力。利用经商收集敌情，曾是隋朝情报高手裴矩的拿手好戏。但是，裴矩更多的是利用商战收集情报，相比之下，李允则有着更为深入的谍报设计，"拉出"和"打入"都非常精彩，从中可以看出，利用商战进行谍战的谋略在宋代得到了更进一步的发展。

岳飞（1103～1142），字鹏举，相州汤阴（今河南汤阴）人，南宋著名抗金将领。他自小便爱好习武，喜读兵书，家贫，但富有气节。不满20岁他就参军抗金，因为屡建战功，逐渐成为一位声名显赫的抗金名将。他所率领的宋军获得"岳家军"的美誉。

绍兴五年（1135）二月，当岳飞在北线抗击金兵南侵的战争告一段落之后，岳飞接到镇压湖湘起义军的任务，主要是镇压被宋廷目为"湖贼"的杨幺。

在军事行动开始之前，岳飞派黄纵和接受招安的起义军降将杨华作为间谍，潜入杨幺的队伍，秘密进行策反活动，并成功说服起义军首领黄佐投降。岳飞立即保奏黄佐为武义大夫，并给予了丰厚的犒赏。黄佐深受感动，决心再次返回起义军内部，争取对另外一名主要的起义军首领杨钦进行策反。与此同时，杨华也接受岳飞的指派，再次潜入杨幺起义军中，其主要使命就是拉拢收买杨幺的左右心腹，设法劝说他们诱杀杨幺，然后前来投降。黄佐与杨钦此前一直有着非常密切的交往，故此，黄佐策反杨钦的间谍活动很快取得成效。岳飞同样保奏杨钦为武义大夫，并将皇帝赏赐的战袍转赠杨钦。杨钦深受感动，此后又帮助岳飞成功策反了余端、刘诜等起义军首领。没想到岳飞仍然不满足，他故意恶狠狠地骂杨钦："贼寇还没有全部投降，你为什么回来？"他命令杨钦再次返回进行游说，结果就在这一夜，起义军前来投降的就多达数万人。经过这些间谍活动之后，杨幺的队伍已经大大削弱。在做好决战前的所有准备工作之后，岳飞率领水军直扑杨幺大寨。杨幺正试图组织反抗，没想到身边已被岳飞策反的陈滔等人临阵倒戈。杨幺无奈之下，只得跳水逃跑，结果被抓获。

岳飞在与金人的斗争过程中，也非常善于使用间术。

1130 年，金人为了更好地控制中原局势和陕西地区，在大名府（今河北大名南）扶植成立了一个傀儡政权——大齐，封宋朝的投降官员刘豫做了皇帝。此后，刘豫多次配合金人一起攻打宋军，成为宋军北伐的一个重要阻碍。1136 年，岳飞在收复襄阳六郡之后，正好派兵进入蔡州，与刘豫的军队形成对峙。

岳飞通过间谍送来的情报得知，其时金国内部各派之间已经开始互相倾轧，支持和扶植刘豫伪政权的粘罕在内讧中忧郁死去，而金兀术、挞懒等人则对刘豫非常厌恶。岳飞知道，要想驱逐金兵，必须首先除掉刘豫伪政权，而此时正是使用反间计除掉刘豫的大好时机。

正在此时，宋军抓到一名金兀术派来的间谍。岳飞灵机一动，决定利用这名间谍行反间计，进行离间刘豫的活动。他假借醉酒，故意将这名间谍错认作是自己派出去的间谍人员，严厉斥责他说："你不是我们军中的张斌吗？前些日子我派你去大齐送信给刘豫，要他设法把金兀术引诱出来。不料你竟然一去不复返，我只好又派人去联系，好不容易才联系上刘豫。现在刘豫已经答应到冬天把金兀术引诱到清河，然后共同夹击。你为什么不把信送到反而擅自违抗军令呢？"间谍非常害怕岳飞会杀死他，干脆就来了个顺水推舟，以张斌的身份承认了违抗命令之罪。岳飞看到他已经上当，便命令他再去给刘豫送信，与刘豫商讨诛杀兀术之事，然后将制作的蜡丸密信交给他。岳飞严厉地对金人的间谍说："我暂时可以饶恕你，但是这一次你一定要守住秘密，把这封信给我按时送到，否则一定将你斩首。"

这名金人的间谍自以为既保住了性命，又意外得到一个重要情报，内心喜不自禁。他逃回金国之后，立即将蜡丸书信献给金兀术。金兀术打开书信一看，不禁勃然大怒，立即报告了金熙宗。金兀术本来就憎恶刘豫，这次正好找到了杀人的借口。就在这一年十一月，金兀术和挞懒借口刘豫有通敌之罪，率兵抵达开封，就此撤掉刘豫的伪政权。宋朝的一个顽敌就这样被岳飞巧妙地运用反间计除掉了。

岳飞在用离间计除掉刘豫的过程中，假装醉酒，错认金兵，巧递书信，这些似乎都出于岳飞的灵机一动，但也与他长期思考宋金关系有着直接的联系。这个过程中，伪造的书信是关键，岳飞的手法和南北朝时期韦孝宽等人的手法很可一比。然而，岳飞传递情报也是利用金兵间谍，更加神不知鬼不觉，岳飞的胆大心细和富有韬略由此可见一斑。

3 使臣善间，借机行事

宋金对峙期间，金更多地占据优势，一度想对宋穷追猛打，宋虽有议和之请，派出去的使节却都遭到扣押，处境非常危险。这正如《宋史》所载："凡宋使者如（王）伦及宇文虚中、魏行可、顾纵、张邵等，皆留之不遣。"这些被扣押的使臣，有的屈服于淫威受到招安，甚至有的蜕变为金人的间谍，但也有的借机行间，打探金国情报，为南宋抗金做着各种努力。其中最为著名的，当数洪皓和宇文虚中。

洪皓（1088～1155），字光弼，乐平市洪岩镇岩前村人。宋高宗建炎三年（1129），出使金国被扣留，绍兴十三年（1143）才被放回。在被扣留期间，他一直坚贞不屈，时人称之为"宋之苏武"。

洪皓出使金国的主要任务是议和，结果，当洪皓行至太原时，就被金人粗暴地扣留，根本无法完成出使的任务。直至第二年，洪皓才见到了金国的权臣完颜宗翰。完颜宗翰同样无视洪皓的诉求，反而逼迫他到伪齐刘豫政权做官。对此，洪皓严词予以拒绝。完颜宗翰勃然大怒，当即下令将他推出去斩首。面对淫威，洪皓面不改色，在座的一位贵族赞叹"真忠臣也"，并恳请免除洪皓一死。这之后，洪皓被流放到遥远的冷山（今黑龙江五常境内的大青顶子山），开始了他的长期流放生涯。

在流放期间，洪皓一直不忘自己的使命，始终保持忠贞气节。洪皓学识渊博，很快得到当地贵族完颜希尹的赏识。完颜希尹决定让洪皓教自己的儿子读书，洪皓认为这是完成任务的机会，就答应了他的请求。此后，一有机会洪皓就劝说完颜希尹改变主张，和宋朝议和。在建炎四年（1130）之后，金强宋弱的形势开始悄然发生转化，金人逐渐产生了议和之念。在议和期间，完颜希尹就曾就谈判事项征求过洪皓的意见。洪皓的条分缕析的对答令完颜希尹非常满意，遂于绍兴十年（1140）带着洪皓赶赴燕京（今北京），意欲敦促金国释放洪皓归宋，商谈议和之事。

就在这时，金国内部各派发生重要分歧。就是否以归还河南、陕西等地作为和谈条件，金人内部分歧尤为突出。以金兀术为代表的一派坚决反对交还，后来，这一派占据上风。他们联合起来，杀了宗盘、挞懒等人，重新发动对南宋的战争，议和最终没有达成。在这之后，因为政见不和，金兀术杀死完颜希尹，而洪皓则因为与完颜希尹曾有过不同意见，这才幸免于难。

在燕京，洪皓见到了昔日好友宇文虚中。宇文虚中被金人扣留后，在金朝当了大官，也在暗中向宋朝提供重要情报。在见到洪皓之后，宇文虚中劝他也留在金朝当官，遭到了洪皓的拒绝。金人并不甘心，继续对其进行劝说。洪皓见状，便顺势请求允许他到临近宋的真定（今河北正定）等地为官，以便寻找机会逃回宋朝。没想到的是，金朝参政韩昉看出了洪皓的意图，故此未予允许。金人为了挽留洪皓，想出种种办法，都遭到他严词拒绝。

洪皓在被扣留燕京期间，一直关心着宋金局势的发展，尤其注意打探有关金国上层的重要情报。绍兴十年（1140），他秘密接触到宋朝派出的间谍赵德，将自己收集到的有关金国的重要情报书写成数万言长卷，让赵德"藏故絮中"，上呈宋朝皇帝。据《宋史》记载，在书信中他这样写道："顺昌之役，金人震惧夺魄，燕山珍宝尽徙以北，意欲捐燕以南弃之。王师亟还，自失机会，今再举尚可。"绍兴十一年（1141），洪皓又秘密得到宋朝被金劫持的太后的书信，让另一名间谍李微悄悄带了回去。宋朝皇帝自此才得知太后下落。宋高宗看到书信后不禁大喜："朕不知太后宁否几二十年，虽遣使百辈，不如此一书。"

洪皓一直努力收集各种情报，然后再设法传递南宋。绍兴十一年（1141）冬天，他又秘密传递回一条重要情报："金已厌兵，势不能久，异时以妇女随军，今不敢也。若和议未决，不若乘势进击，再造反掌尔。"洪皓希望南宋抓住时机进行反击，彻底改变被动局面，他掌握到金人逐渐畏惧宋兵的情报后，立刻秘密送回书信，信中写道："金人知中国有人，益惧。张丞相名动异域，惜置之散地。"可惜的是，宋高宗只知苟且偷安，洪皓秘密传递的这些富有价值的情报，遗憾地都被南宋朝廷所漠视。

洪皓知识渊博，看到金人将其扣留不放，他干脆就在当地努力地传播汉文化，并通过这种方式大量地结识女真人。不少女真贵族都视洪皓为知心朋友，热情地邀请他参加婚礼、礼佛等活动。洪皓得以能更加便利地收集有关金国的重要情报，然后再设法传递回南宋。

洪皓长期遭到扣留，但并没有就此沉沦。他非但一直不改其志，而且利用一切机会大量收集金国的重要情报，在敌后开展卓有成效的间谍活动。在打探到宋朝太后的消息之后，他又准确地将金国打算送回太后遗体的情报迅速传回，从而令南宋在与金国的谈判中处于主动的地位。

绍兴十三年（1143），金熙宗喜得贵子，大赦天下，破例允许宋朝使者回归，洪皓这才回到了南宋。前后加起来，洪皓被扣留长达15年之久。

在被扣留期间，洪皓对金国的自然地理、历史沿革、经济社会、风上人情、礼仪制度、政治制度等，都进行了较为全面的考察，获得了大量有关金国的社情、民情，同时为我们留下了大量的珍贵资料。《松漠纪闻》本为洪皓留金时随时记录而成，他获准归宋时，害怕被金人发现，只得忍痛烧掉。当他回到南宋之后，便开始努力地进行回忆，这才有了今天我们看到的这本《松漠纪闻》。这本书虽然主要记载塞北地区的社情、民情，其中却渗透着洪皓点滴心血，同时折射出一名使者的忠诚和坚韧。

宇文虚中（1079～1146），字叔通，成都华阳人。宋徽宗大观三年，即1109年，他考中进士，在当了一段时间地方官之后，很快就被提拔为起居舍人、国史编修官、同知贡举，不久又升任中书舍人。

1125年二月，辽国天祚帝耶律延禧被金军抓获，辽国宣告灭亡。十月，金太宗完颜晟任命谙班勃极烈完颜杲为都元帅，分东、西两路伐宋，夺占了北宋大片领土。1127年，金军再次兵分两路进攻大宋，不久便攻陷东京汴梁，宋徽宗和宋钦宗连同皇后一起都做了金人的俘虏，北宋灭亡，史称"靖康之耻"。此后，逃亡在外的康王赵构在南京应天府（今河南商丘）登基称帝，改年号为建炎，史称南宋。

建炎二年（1128），刚刚当上皇帝的赵构装模作样地下诏招募使者出使金国谈判，商谈迎请徽、钦二帝回来一事。宇文虚中被宋高宗任命为资政殿大学士和祈请使，与杨可辅一同出使金国。然而，金国对宇文虚中的到来根本不感兴趣，更不会答应将徽、钦二帝放走，只想尽快打发他们回去。宇文虚中经过思考之后决定独自留下来，他说："我是奉朝廷之命前来迎请徽、钦二帝回朝的，任务没有完成我就绝不回去。"

当时金国大量占领辽宋领土，这些地区的居民多为汉人，所以需要大量汉族官员维持统治。宇文虚中觉得这是一个深入金国内部的机会，也可以寻找机会护送两位皇帝回朝，就受聘在金国做了官。宇文虚中由于才华出众，又在宋朝担任过高官，很快就受到金人注意，并受到提拔和重用。从翰林学士开始，他的官越做越大，直至被封为河内郡开国公。后来，金国为金太祖立碑，宇文虚中因为书法出色奉命书写碑文，由此被封为金紫光禄大夫，金人称他为"国师"。

宇文虚中在这个过程中大量地接触当地汉族的名流和士人，也由此知道其中许多人对国土失陷于金愤愤不平，因此他悄悄地拉拢联络这些人，为以后的行动做好准备。由于行事隐秘，宇文虚中的这些地下活动，金人一直未能察觉。

宇文虚中虽然在金国做官，但在他的内心却一直把自己看作宋国的臣子。他曾秘密给家人写信说，自己在金国当官是被迫的，虽然遭到胁迫，但一直坚守节操，"惟一节一心，待死而已"。

当然，由于宇文虚中的间谍行动非常隐秘，身份也极其特殊，其他一些同样被扣留在金国的宋人就难免会因此而误会他，洪皓就是其中一位。1129 年，洪皓作为宋朝新的求和使者也到了金国。宇文虚中得到这个消息之后，便请求会见洪皓，洪皓误以为他是来替金国做说客的，因此看不起宇文虚中。后来洪皓也决定留在北方，在金国悄悄地做起了间谍，不知道是否和宇文虚中的劝说有关。洪皓留在金国后，一边积极打听徽、钦二帝的下落，一边秘密派人把金国的重要情报大量地送到南宋。他还记录了涉及金国的各种重要资料，回到南宋后写成了《松漠纪闻》一书，至今仍是研究金史的重要资料。

宇文虚中因为别人对他的误会感到苦闷，曾写下了"生死已从前世定，是非留与后人传"的诗句，以此作为排遣，继续默默地进行着他在金国的间谍活动。

赵构逃到江南之后，为求得偏安一隅，在防御金兵上狠下了一番心思。这时候，岳飞、韩世忠、张浚等重要抗金将领精诚团结，密切配合，他们的军队也经过一些战争锤炼，具备了相当的战斗力，使得金兵对东南一线的进攻一直难以奏效。金人便转而企图由陕入川，然后顺江而下，在形成对南宋的包围之势的同时，也收取突袭之功效，试图以此击溃宋军。

宇文虚中得到这个情报之后，感觉事情非常严重，于是派遣使臣相偁悄悄南下，将金兵的进攻路线和企图一一透露给宋军。在得到宇文虚中的密信之后，南宋朝廷曾经一度表示怀疑。记载宋高宗一朝史事的编年体史书《中兴小纪》有这样的一段话："宇文虚中密奏虽未可尽信，然金人连年不至淮甸，必有牵制。"在经过分析之后，宋军还是决定及时做好各种防务准备，以防金兵突袭。张浚与诸将约好，一旦金人大兵取蜀，则三方军队互相呼应救援，做好防备。绍兴三年，即1133年正月，金兵果然大举攻蜀，但他们在蜀口之战遭到重创，士气也受到很大的打击。金人由此领教了南宋军队的战斗力，不敢再轻视对手。

宋金在经过一段时间的对抗之后，形势已经逐渐朝着向南宋有利的方向发展。金兀术在意识到金兵已失去优势之后，便改变策略，开始有和议的打算。宇文虚中则很好地抓住了他们的这种心理，每当金国朝议南侵之事，他就以南征费钱、费力且得不偿失为由，极力阻止金兵南侵。他的这些言论，很好地抓住了金国一些想过安稳日子的文官武将的心理，也因此很容易引起共鸣和获得支持。这让退守一隅的南宋获得了喘息之机，也让只求偏安一隅的赵构享受了一番歌舞升平。据《宋史》记载，南宋的议和使者王伦看到这些情形，便在回到江南之后这样赞扬宇文虚中："虚中奉使日久，守节不屈。"

南宋施德操在《北窗炙輠录》一书中说："南北讲和，大母获归，往往皆其力也。"他的这番评价充分肯定了宇文虚中对宋金和谈所做出的贡献，而他所说的"大母"则不知是谁。靖康之难后，徽宗的郑皇后、钦宗的朱皇后也一同被劫走，朱皇后因不堪受辱，自尽而死。郑皇后也于1131年病死在五国城。1142年，徽宗与郑皇后的遗骸被允许运回南宋合葬。所谓"获归之事"不知道是不是指遗体获归，宇文虚中在其中做了些什么事情也不得而知，总之，他潜伏金国作为间谍的辛苦得到了当时一些有识之士的认可。

赵构方面其实是更为迫切地希望和金国讲和。他害怕随着战事的胜利，他的兄长宋钦宗赵桓得以顺利地解救回来，从而威胁到自己的皇位，同时他也害怕在抗金战争中武将的权力越来越大，进而变得难以控制。秦桧则是一个长期潜伏南宋的内间，自1130年他被金兵抓捕又安然释放之后，便一直身在宋而心在金，从事着卖国行径。他很好地抓住赵构的这一心理，并利用金国的威逼利诱，迫使赵构和金国议和，并于1141年害死一代抗金名将岳飞。

在宇文虚中帮助宋金议和之后，赵构实现自己的愿望，当然非常高兴。此时，宇文虚中的儿子宇文师瑗在福州担任转运判官，赵构特意下令要求福州的地方官多多照顾宇文虚中的家属。没想到就在这个时候，金人也打起了宇文虚中家属的主意。1140 年，即金皇统初年，金兀术掌握了金国朝政。他在即位之后的第二年，便向南宋索要在金国做官的宇文虚中等人的家属。

宇文虚中在得知金兀术向南宋索要自己的家属之后，曾经拜托南宋的使臣王伦密奏赵构说："若金人索取我家属，就说我的家人已经被乱兵所杀。"与此同时，宇文虚中的儿子也上书宋高宗，请求不要把自己的家人送往金国，结果唯金人马首是瞻的宋高宗和秦桧全然不予理会。秦桧更是深知金人索要宇文虚中家属以求牵制之意，于是他亲自监督和催促，将宇文虚中的家属全部送往金国，老幼无一遗漏。

就在宇文虚中家属被悉数送到金国之后不久，即 1146 年的六月，宇文虚中全家老小就全部被金国所杀害。宇文虚中一家死得非常惨烈，全家百余口都被活活烧死，天色为之黯淡。当时和宇文虚中全家一起被杀害的，还有一位叫高士谈的宋人。

南宋李心传所著《建炎以来系年要录》这样记载宇文虚中的死因：宇文虚中虽在金国为官，但他知道许多东北之士不甘顺从，便和他们密谋，准备趁金熙宗完颜亶去祭天的时候劫杀他。他们先派人送蜡丸书给南宋朝廷，结果秦桧拒不接纳，反倒令事情暴露，这才导致宇文虚中等人的被杀。南宋施德操在《北窗炙輠录》中的描述则更加详细：宇文虚中先是"欲挟渊圣以归"，没想到行动计划泄露，情急之下，他不得不"急发兵直至北主帐下"，令"北主几不能脱"，但最后还是功败垂成，为金兵所擒，遂以谋反罪论处。这些记载大同小异，已经将宇文虚中的死因基本交代清楚了。从他们的记载中我们可以看出，宇文虚中曾有过一次非常冒险的行动计划，先是希望帮助宋钦宗回朝，在行动未果之后才无奈地劫持金主，但仍然未获成功，最终身死殉国。

4　和尚善间，深藏不露

秘而不宣是古往今来间谍战的一个重要特点。为了便于行间，为了做好保密，往往需要在间谍的身份上大做文章。正因如此，两宋时期出现了以僧人身份为掩护的间谍。

开宝六年（973）四月，在相继灭掉南平、后蜀及南汉之后，宋太祖派翰林学士卢多逊为江南生辰国信使，负责打探南唐虚实，为发兵攻打南唐做准备。

南唐落第举子樊若水（后更名为知古）自愿担当北宋的间谍，积极配合赵匡胤剿灭南唐的军事行动，给了北宋军队最强有力的支持。樊若水看到南唐朝政腐败，民生凋敝，深感痛心。当他听说崛起于北方的宋太祖赵匡胤胸怀远大，志在统一，便产生了北归宋廷的想法。当他打定这个主意之后，南唐的寺庙里就多了一位身披袈裟的间谍，科举考场上则少了一位穷经皓首的书生。

当时，南唐军队占据长江天险，北宋军队如果想跨过长江与之作战，难度很大。浩荡的长江水就是抵御宋军的一道天然防线，樊若水为此深感忧虑，每天都在思考着解决问题的办法。终于，他在经过一番深思熟虑之后，想到了用竹筏、大船搭建浮桥的主意，试图以此帮助宋军顺利渡江，实现接应北宋军队南下征服南唐的目的。打定这个主意之后，樊若水一直设法寻找一个最好的架桥方案，以期作为见面礼呈送给宋太祖。樊若水颇懂兵法，也读过不少有关地理和水利的典籍，加上他长期生活在长江边，对长江渡口、圩堰、关卡、要塞等，都了如指掌，故此才有了这种大胆构想。经过一番认真的考察和周密的分析比较之后，樊若水选定采石江面作为架设浮桥的首选地点。

很显然，在那个年代，要想在广阔的江面上架设一座浮桥，并不是一件非常容易的事情。除了复杂的技术要求之外，还要有充分的物质条件作为保障。其中最为关键的是，需要得到有关江面的准确宽度，然后才好有针对地准备架桥物资，并在岸边搭建浮桥的固定设施。

这些工作耗时耗力，如果不能做好隐蔽工作，则非常容易暴露身份。故此，为了帮助宋军顺利搭建浮桥，完成好这次间谍活动，樊若水想到了落发为僧的主意。于是，经人介绍，樊若水来到位于采石的广济教寺当了和尚，此后便以僧人的身份作为掩护，开始详细收集考察采石江面的水文资料。

由于有了袈裟作掩护，樊若水的间谍活动便利了很多。一有机会，他便来到牛渚矶边察看地形，并暗自绘下图纸，标上记号。为了搞到长江水面的准确宽度，他经常以垂钓为名，划着小船，带上长长的丝绳，进行反复地测量。他先是找到一个隐蔽的处所，然后便将丝绳拴在牛渚矶下的礁石上，然后牵着这根长长的丝绳划船到西岸，再根据丝绳的长度来计算长江的宽度。这是一个非常原始的笨办法。为了求得精确的数字，樊若水只得在采石江面不知疲惫地往返数月，反复进行测量。令人感叹的是，樊若水往返大江南北，一共进行了 10 余次测量，竟然神不知鬼不觉，没有引起任何人的注意。很显然，他身上所披着的这件袈裟，为他进行间谍活动起到了很好的保护作用。

为了给将要建造的浮桥做好固定设施，樊若水向广济教寺捐献了一大笔资金，然后建议寺庙用这笔资金在牛渚山临江处凿出一个个石洞，洞中则建造石塔，供奉佛像，以保佑过往船只的平安。这无疑是一件令佛门弟子感到无比荣光的事情，所以很快便得到了寺庙的认可。数月之后，当这样一件浩大的工程宣告完工之时，广济教寺众僧无不对樊若水刮目相看，但没有人能够想到，他的这些精巧的设计，其实是在为宋军日后的渡江做准备。

樊若水借助寺庙为掩护，在采石暗中活动数月，在获取了采石江面详细的水文地理资料后，便于开宝三年（970）划船北上，求见宋太祖。见到赵匡胤之后，他献上了精心准备的架设浮桥的计策，并呈上他亲手绘制的《横江图说》。宋太祖一边听着樊若水的行动计划，一边慢慢打开图卷，不禁龙颜大悦，当即决定采纳樊若水的建议，在采石江面架设一座浮桥，以保障大军渡江之用。

樊若水不仅为赵匡胤献上架桥良策，而且亲自参与了架桥的各项准备工作。根据樊若水的建议，宋廷先是命令工匠在长江荆湖一带水域打造黄黑龙船千艘，这些龙船都巨大无比，可作为架设浮梁桥墩之用。与此同时，宋廷又命人大批砍伐和采集巨竹，搓制大量的粗麻绳，扎制了数量庞大的竹筏。待这些物资准备完毕之后，宋军再将它们集结于江陵，随时准备顺江东下，送往采石江面，满足搭建浮桥之需。

宋军原计划将这些龙船、竹筏直接运往采石，却遭到了部分人反对。他们认为，准备这些物资花费了太多的精力和物力，如果稍有闪失，则损失巨大。更主要的是，由于采石临近南唐大军的主力防线，架桥的行动计划一旦受挫，想做任何补救措施都来不及。为了确保万无一失，宋军决定先在石牌口（今安徽怀宁县西临江处）试架一座浮桥，如果获得成功，则可以将这些架桥物资原样移至采石江面。

就这样，宋军在樊若水的指导下，开始在石牌口尝试搭建浮桥。结果，这座浮桥非常顺利地架设成功，这给了宋军极大的信心和鼓励。后来，当曹彬率领大军攻占采石之后，浮桥的基础设施都顺江运送至采石。等这些物资到达之后，曹彬当即命令熟知采石水文地理的樊若水主持架桥工作。据《宋史纪事本末》记载，当时正值长江枯水季节，采石横江一带浪平滩浅，浮桥的假设十分顺利，竟然"三日而成，不差尺寸"。

浮桥架成之后，曹彬迅即传令在长江西岸集结待命的潘美，率步兵渡江，如履平地。宋兵在曹彬与潘美的统一指挥下，由采石直扑金陵，终于在开宝八年（975）的十一月二十七日攻下金陵台城，迫使南唐后主李煜投降。

在这次渡江南下攻打南唐的过程中，身披袈裟的樊若水通过极为隐秘的间谍活动，帮助宋军在采石江面上迅速地架起一座浮桥，宋军得以顺利渡过长江。可以说，他为宋廷最终攻下南唐立下了头功。当樊若水发现架设浮桥可以帮助宋军实现跨江作战之后，便长年累月地为了实现这个目标而积极奔走，表现出极为坚强的意志。当然，他之所以能够成功行间，完成架设浮桥的各种准备工作，与他广博的知识积累以及平时的仔细观察有着直接关系，也在很大程度上得益于他的善于隐蔽和巧妙伪装。他找到落发为僧这一妙法，利用僧人的特殊身份作为掩护，悄悄行间，令人神不知鬼不觉。

无独有偶，到了宋仁宗期间，又出现了一个以僧人身份为掩护的间谍，他的名字就叫法崧。

宋仁宗宝元元年（1038），李元昊称帝。消息传来，北宋名将种世衡率领本部人马在延州（今陕西延安）一带布置防线，抵御李元昊的进攻。当时，李元昊手下有两位得力干将，一位叫野利旺荣，一位叫野利遇乞，都很有谋略。他们的军队也素以骁勇善战著称，令宋兵心惊胆战。种世衡一直希望除掉他们，曾先后派人行刺，但都因为戒备森严无功而返，也曾派人前去诱降，却遭到严词拒绝。

种世衡耐心寻找，终于物色到一个和尚，计划派他行间，除掉野利兄弟。此人名叫法崧，本名王嵩，本地人氏。法崧原本行伍出身，身材魁梧且精于骑射，曾多次往来于夏、宋之间，与党项部族中人多有交往，又熟知西夏的山川道路。王嵩后来意外落魄潦倒，于是看破红尘，在紫寺出家为僧，法名法崧，又有人称之为王和尚。

种世衡得知法崧是位侠肝义胆的义士，便派人将他请到军中，对其优待有加，非常器重，甚至说服法崧还俗从军，举荐他做了小官。法崧的许多坏毛病，诸如喝酒、赌钱、嫖妓、打架等，种世衡看在眼里，却很少加以约束，反倒经常提供金钱任其挥霍。与此同时，种世衡还设法将法崧的家里安顿妥当。这一切都让法崧十分感激，一直希望能有机会报答。

法崧在种世衡的营中一直过得非常滋润。没想到突然有一天，种世衡对他翻脸了。他愤怒地招来法崧，厉声呵斥，指责其背信弃义，暗中与西夏勾结。法崧大呼冤枉，种世衡不予理睬，甚至吩咐大刑伺候，一直对法崧严刑拷打数十日，用尽了各种毒辣招数。

就这样一直过了半年之久，法崧经过了无数次地严刑拷打，仍然对种世衡毫无怨言，忠贞不渝。终于有一天，种世衡感到时机成熟了，突然把法崧秘密押送到密室。在密室中，种世衡亲手为法崧松绑，然后对法崧一一说明事情真相。他告诉法崧，把他关起来严刑拷打，是想试探一下他的忠贞和毅力。法崧明白了事情的前后经过和种世衡的良苦用心，不禁百感交集。

种世衡于是亲自起草一封书信，收信人即为野利旺荣。在信中，种世衡告诉野利旺荣，他送到的情报已经收到，朝廷很快任命他为夏州节度使，希望他能早日归附宋廷，并且随信附上了枣和一幅画着乌龟的画。其中枣谐音"早"，龟谐音

"归"。书信写好之后，法崧用蜡将其密封，藏在衣服里面，并用针线密密麻麻地缝起来，随后便上路了。

法崧一进入西夏境内，就被西夏的巡逻兵捕获。被抓之后，法崧坚持要见野利旺荣，说是有重要事情呈报，巡逻兵只得将其带到野利旺荣帐下。

见到野利旺荣后，法崧拿出枣和画，呈递上去。野利旺荣见后感到莫名其妙，立即将法崧和画一起送交李元昊处置，也试图以此证明自己的清白。

在看到法崧和画之后，李元昊感到这事很蹊跷。在野利兄弟势力渐渐坐大后，李元昊常常为此感到担忧。他深知，这兄弟二人手中握有重兵，一旦谋反，将会对自己造成致命打击。故此，李元昊对野利兄弟一方面善加利用，一方面却时时警惕，所以，君臣关系就显得非常微妙。当野利旺荣送来这个自称是联络员的和尚之后，李元昊不敢大意，想极力从中找出一个答案出来。

李元昊下令将法崧囚禁于大牢之中严加看管，他再三询问法崧的真实意图，却得不到答案，对其施以酷刑，也无济于事。这样过了很多天，刑罚越来越重，法崧丝毫没有松口的迹象。面对奄奄一息的和尚，李元昊感到非常无奈，同时又非常不甘心。

又过了些日子，李元昊彻底失去了耐心。他派人将法崧秘密带到宫里，告诉他这是最后一次机会，再不说出实话，就会被立即处死。法崧仍然不说出信函的下落，李元昊于是只得下令将他拉出去斩首。就在这时候，法崧大声呼喊道："法崧死不足惜，只是没有完成将军托付的大事，辜负了将军，真对不起将军了！"李元昊急忙下令押回法嵩，法嵩这才把缝在衣襟中的书信拿出。李元昊看到写给野利旺荣的书信，再联系"枣"和"龟"的含义，他不禁倒吸一口凉气，不能不对野利旺荣产生怀疑。然而，李元昊毕竟老练，一阵冲动后，他又冷静下来。为了查实验证，李元昊暗中派遣心腹将领假扮野利旺荣的使者，去求见种世衡，以进一步打探虚实。

种世衡不能确定使者身份，他怀疑使者并非野利旺荣派来，所以没有立即召见他，只是派人每天到驿馆去问候使者起居，闲话家常。当谈到李元昊驻地兴庆府地区时，这位使者便能对答如流，但是一谈到野利旺荣驻地情况，他就张口结舌答不上来。种世衡猜测此人为李元昊所派间谍，不动声色地让此前捉来的几名李元昊派遣的间谍暗中辨认，终于确定了使者的身份。种世衡这才明白法嵩的行间已经获得成功，便将计就计，故意在使者面前痛骂李元昊，盛赞野利旺荣降服宋廷、弃暗投明的义举，并给使者赠送了很多贵重的礼物。临行前，种世衡还亲自给使者饯行，请他带话给主人，要他速速决断，千万不要再犹豫。使者回到西夏，立即将上述情况如实报告李元昊。李元昊大怒，立刻剥夺了野利旺荣的兵权，以反叛罪处死了野利旺荣。

在除掉野利旺荣之后，种世衡又继续使用离间计把野利遇乞除掉。他在得知野利旺荣死后，故意在边境举行祭祀活动。种世衡命令手下将祭文写在木板上，祭文大力表彰野利兄弟弃暗投明归降宋廷的行为。种世衡下令将祭文故意烧毁一部分，留下一些残文等着西夏的间谍前来收集。西夏间谍得到祭文后，赶紧送交李元昊。李元昊本来就对野利旺荣心怀猜忌，见到祭文后更相信他有反叛行为。其实，看到功劳显赫的哥哥被冤杀，野利遇乞不免会愤愤不平、情绪激烈，这也让李元昊心怀不满。带着猜疑的李元昊很容易再中种世衡的反间计，下令将野利遇乞处死。

在用间除掉野利兄弟的过程中，种世衡还使用了一出苦肉计。僧人的身份，为法崧行间做了很好的掩护，但种世衡派法崧行间，最看重的还是其胆气，先对其施以酷刑便是出于这个考虑。从法崧的行间经历来看，书信也是一个关键因素。如果种世衡事先不交代法崧，而法崧也忽视了这个环节，那么他们的这次行间就很可能会功亏一篑。另外，如果书信藏得不隐蔽，敌人随便就能搜出来，也一定会对法崧产生怀疑。只有经过了长期的折磨和严刑拷打之后，法崧再巧妙地供出书信，才显得顺理成章，更容易诱使对手犯错。

5　两宋时期谍战理论的发展

在宋代，为了重振兵学，《孙子》等7部兵学经典被立为兵经，政府设立武经博士，大量论兵之作诞生，这也极大地促进了谍战理论的发展。苏洵、苏辙等文人也都对间谍理论有着非常深入的研究。两宋时期还诞生了不少注释《孙子》的著作，注释家们借助于注释《孙子·用间篇》阐述自己的用间理论。

苏洵在《权书》中辟有专篇讨论用间，篇名也叫《用间篇》，但他并不是对孙子《用间篇》进行简单模仿，而是有着自己的独到见解。不仅如此，他甚至对孙子的用间之术并不能完全认同。

苏洵赞同孙子的"上智为间"的观点，认为伊尹和吕尚就是通过行间建立功业。

> 伊、吕一归而夏、商之国为决亡。使汤、武无用间之名与用间之劳，而得用间之实，此非上智，其谁能之？

在这段话中，苏洵首先是赞扬了伊尹、吕尚的用间术，称赞其为上智之人，但是，苏洵对于用间也能作一分为二地判断。在他看来，孙子的"五间"之术终究属于诡诈之术，所谓"五间之用，其归于诈"，而用兵打仗虽说是诡道，但遵循正道，终究可以获胜。因此，用间术在苏洵眼中，是有成有败，所谓"成则为利，败则为祸"。既然用间是诡诈之术，当我们在对敌人行间时，敌人也可能会反其道而行之，对我方行使诡诈之术，故此，苏洵认为"能以间胜者，亦或以间败"。苏洵总结用间行为可能存有"三败"，即为敌所用、受敌欺骗、传递伪情，所以需要加以警惕。

苏洵对于用间的态度，与他作为儒者的身份是紧密联系的。作为儒者，苏洵对于诡诈之术并不是非常认可，甚至认为只要守住仁义正道，就一定能够取得战争胜利。在他眼中，用间这种诡诈之术是违背圣人之道的行为，所以成为苏洵诟病和批评的对象。基于此，苏洵对子贡的行间游说行为也不以为然。子贡实则是儒家开山祖师孔子的著名弟子，苏洵对他有如下评述："彼子贡者，游说之士，苟以邀一时之功，而不以可继为事。"

客观地说，苏洵由于受到儒家仁义道德的影响，对孙子的用间之术多少存有一些偏见。他却因此而能够对用间进行"一分为二"的分析，既看到了上智为间的成功之处，也看到了用间可能导致的"三败"，这无疑是一种客观辩证的认识。他的这些认识，可能是受到了《李卫公问对》的某种启发，因为《李卫公问对》也是主张对用间辩证对待。

苏洵的这些观点和《李卫公问对》也多少启发了宋明时期其他《孙子》注家。比如《投笔肤谈·谍间》等兵书就认为，用间固然重要，但间谍本身也存在着"传伪于我"和"泄情于彼"两种风险："凡间谍之人，或望敌之风，而传伪于我，或被敌之虐，而泄情于彼，此皆覆败之所关也。"这种观点和苏洵正好形成了呼应之势，对兵圣的用间术并不是一味盲从，而是客观指出其中不足，可谓独具卓识。

北宋时期，许洞著有《虎钤经》（20卷），也深入探讨了用间之道。许洞认为："用间之道，圣人以用兵决胜。"如果重视用间，发展用间之术，就能够取得决战的胜利。故此，许洞在精心研究孙子的用间术之后，提出了他自己的"用间八术"。

　　故间之行也，观事而举，其术有八焉。其一曰：两国相拒，兵抗其境，诈为疲困畏惧，潜漏其言，厚货诡敌所

爱幸，因以所求中之；次使使者致玉帛子女与骏马精佩之
饰以求和解；觉其骄慢，阴选精兵分道，早夜兼时，以乘
不备，此以使者为间者也……其八曰：求敌所委信者，副
其所欲，阴求其动静言语者，此以乡人为间者也。

限于篇幅，这里不对许洞的"八术"进行一一列举。总之，
他针对用间提出了总的行动原则，即"观事而举"，意思是根据
实际情况，灵活运用各种间术。此外，需要看到的是，许洞所
总结的"用间八术"在孙子用间术的基础上，增设了"使者"
"内壁""谍人"等经营对象，故而对谍报工作和谍报理论有很
多创新。其中有些间术的提出则是对孙子和李靖用间理论的发
展，比如针对敌人的用间，许洞认为要"诈为不知"，然后"反
事示之"，以取得出其不意的效果。这些理论，孙子在讨论"示
形之术"时提出过，但在《用间篇》则有疏漏，许洞则是将其
改造而成为用间术，可视为是对孙子用间理论的一种发展。

许洞在《虎铃经·困敌》中所论"困敌之法"，其实更像
是一种反间术。

敌有谋臣，以间疏之；敌有积聚，细人焚之；敌有种
植，欺而刈之；敌有民人，强而虏之。阴赂敌之密人，使
进敌美女以惑其意，献良犬骏马以荡其心，多方以误之。
迨其外困而内惑，则国事懈矣。

所谓"疏之""焚之"等，都是许洞总结发明的困敌之

法，也是反间术。对于交战双方来说，行间之术和防奸之术是需要同等重视的。当己方试图探知敌情的同时，敌人也一定会派出间谍对己方情报进行打探。要确保不上当，守住重要机密情报，就必须"知奸"。许洞由此特别设《知奸》一篇讨论这个问题，对于如何做好"防奸保密"也提出了许多独到见解。

南宋华岳著《翠微北征录》，从重视"取士"出发，提出了"豪杰为间"的主张，这可说是受到了孙子"上智为间"的启示。在《平戎十策·取士》中，华岳所举例证就是从《孙子·用间篇》中得来，可见其受到孙子的影响之深。华岳精心研读《孙子》，对于重视情报、重视用间体味尤深。正是因为有了这种体味，华岳才进一步提出了"豪杰为间"的主张。这种主张，其实是对孙子"上智为间"的一种补充。孙子的"上智为间"强调的是智力因素，华岳的"豪杰为间"强调了间谍的胆气。因为有胆气，间谍才敢于慷慨赴死，在面对死亡威胁时，才不会变节；即使被俘，也能经受得住对手的严刑逼供，保守己方秘密。因此，华岳提出的"豪杰为间"这一主张，至今仍有启示意义。

华岳在《治安药石》中专设"豪杰为间"一章，对相关问题进一步加以讨论。

夫殷、周之王，固天命之所攸属，何伊挚、吕牙之能为兴亡也哉？盖天命之去留，系豪杰之去就。

华岳更为精彩的情报思想集中体现在《治安药石》中，

其一见诸"利害",其二见诸"采探之法"。

《治安药石·利害》主要讨论如何防奸保密,这是特地针对当时军事和国防的某些弊端而专门进行的探讨。

> 沿淮之凶恶,其别有四:一曰跳河,二曰两来,三曰兴贩禁物,四曰寇掠生事。所谓跳河者,间谍也。所谓两来者,奸细也。或断其尾,则吾军之密机皆自泄于将士也。

华岳对于这种"吾军之机密皆自献于敌国"的现象忧心忡忡,所以设想出一系列解决办法。首先是加强对所属人员的管控,"将之所居,固宜与士卒咫尺";其次则是加强对情报和情报传递的管控,比如设立"名递之法""数递之法"。所谓"名递之法",类似于今天的密码技术,是将情报信息用暗语进行表达。比如以"人皆畏炎热"这一诗句中的字为号,"人"字代表"乞军器","皆"字代表"乞粮食"。所谓"数递之法",是将情报中有关数量的词语也用暗语表达,比如以"湖上新亭好,公来日出初"这一诗句中的字为号,写"湖"字号者,即知其为乞军器100件之数,写"上"字号者,即知其为乞粮食200石之数。由这些内容,我们可以看出当时情报传递技术的发展情况。

在"采探之法"一篇中,华岳明确提出建立间谍网,论述了侦察敌情的"采探之法"。在《翠微北征录》中,他写道:"兵家之有采探,犹人身之有耳目也。耳目不具,则为废人；采探不设，则为废军耳。"为此，他专列一卷，从"采探""候望""紧探""关递""密辨"五个方面论述了"采探之法"。他明确提出了建立间谍网，比如在宋金交战的前沿淮东地区设置间谍网，故此设专篇论述"聚探淮东"。

在"采探之法"中，华岳还讨论了间谍的招募问题。他认为，招募可分两种：一种叫"硬探"，也即"遴募胆勇材士，逼入贼境，必更探知虚实"，意思是选派勇猛之士，对敌情进行强力侦察，类似于今天的武装侦察；另一种是"游奕小探"，是"拣募轻捷骁勇马军，往来于边铺候望不到之地，探伺虚实"，如同今天的边防巡查，发现敌情立即报告。除此之外，在"采探之法"中，华岳还具体叙述了一些情报传递方法，既切合实际，又利于保密，也和《利害》中的相关论述形成呼应之势。

除了上述几家之外，宋代注家对《孙子》用间思想的继承和发展也不容忽视。例如，对于孙子的"五间俱起"之术，梅尧臣强调了保密的重要性。由于存在"五间俱起"的间谍术，从己方反情报的角度来看，也需要对这种"五间俱起"做好防备。再如，何氏在注释《用间篇》时不惜浓墨重彩，就此留下了大段相关间谍史的文字。这些文字在很好地完成注释《孙子》的同时，也为后人研究谍战史提供了材料。

四　明清时期的谍战

明朝建立之后，吸取元朝政制松散的教训，越来越趋于专制，甚至使用间谍手段辅助专制统治，臭名昭著的特务统治因此而得到畸形发展。明朝这些铁腕手法在清朝得到了继承。清朝对臣民的监控程度，相比明朝有过之而无不及。不仅如此，满人的谍战谋略，也丝毫不比中原民族逊色，对传统谍战谋略多有继承。清朝末期，随着统治者的不思进取，政权日益腐朽，西方列强开始窥伺中国，对中国发动了一系列谍战，接着便是大举入侵。这段充满血泪的时期，为我国古代谍战史的终结期。当洋人的谍战技术伴随着科学技术的飞速发展取得突飞猛进之时，朱逢甲正在埋头用蝇头小楷撰写《间书》。这本薄薄的《间书》可视为我国古典谍战理论的总结之作，也折射出我国古代谍战理论的长期停滞不前。

1 传统谍战谋略在明代的继承和出新

朱元璋建立明王朝期间，也大量使用谍战，虽则谋略和技法多属传统路子，但也因为运用得当，时机准确，仍能取得很好的效果。朱元璋及后世王守仁等人的行间之术，也都是在时机和间谍身份的选择上用尽巧思，故而能取得很好的效果。

朱元璋是用间高手，在与陈友谅、张士诚等诸路豪强的角力过程中，他非常善于运用谍战来配合军事行动，巧妙地击败对手。

1356 年 7 月，朱元璋攻占集庆（今南京）。当时诸强也都对他虎视眈眈，西有陈友谅，东有张士诚，南有方国珍，俨然形成诸侯割据局面，对朱元璋构成了极大的威胁。尤其是陈友谅，在杀死徐寿辉自立为帝之后，已经尽占江西、湖广之地，将矛头直指朱元璋。面对这种局面，朱元璋和刘基商定用间谍战，诱使陈友谅上当，然后再对其发动突然袭击。

朱元璋知道自己手下的康茂才原本是陈友谅的部下，而且和陈友谅关系非常密切，便决定利用他来做文章。朱元璋召来康茂才，让他写一封诈降信送给陈友谅。在信中，康茂才表示，自己当初投靠朱元璋完全是迫不得已，看到陈友谅大兵压境，非常愿意充当内应，以期内外夹击，共同对付朱元璋。信写好之后，康茂才又找到了一位陈友谅熟识的老仆前去送信。临行之际，康茂才对老仆人再三进行叮嘱，以防露出破绽。

陈友谅读了康茂才的来信后非常高兴，连忙问老仆人："康茂才现在何处？"老仆人回答说："朱元璋派他守卫江东桥。"陈友谅接着问："江东桥是一座什么样的桥？"老仆人回答说："它是一座木桥。"看到老仆人应对如流，言辞恳切，陈友谅便对康茂才深信不疑。他当即对老仆人说："我马上分兵三路取应天，届时就以'老康'为暗号。"

第二天，陈友谅水陆并进，对建康发动攻击。他亲率数百艘战船顺江而下，当前哨军队到达大胜港时，遇到朱元璋阻击，又看到航道狭窄，于是下令直奔江东桥，以便和康茂才里应外合。船到江东桥时，陈友谅发现此桥竟然是一座石桥，心中顿生疑惑。陈友谅急命部下高喊"老康"，一连喊了好几嗓子，都无人答应。到了这个时候，陈友谅才明白自己是中计了，急忙命令大军后撤。然而，由于河道狭窄，几百艘战船聚集于龙湾水面，想顺利撤军已经很难。

此时，朱元璋指挥伏兵四面出击。卢龙山顶上黄旗挥舞，战鼓齐鸣，朱元璋的大将徐达、常遇春率军分别从左右杀来，陈友谅的军队顿时陷入混乱。尽管陈友谅大声呼喊，仍无法阻止军队溃败，残兵败将一直逃到江边，又蜂拥抢船，由此造成更大混乱。一场大战之后，陈友谅的军队死伤无数，战舰损失数百艘。陈友谅匆忙之中跳进一条小船，侥幸逃命。

经过这场惨败之后，陈友谅元气大伤。几年之后的鄱阳湖大决战中，朱元璋再次获胜，彻底消灭了陈友谅。

1366年，朱元璋命令徐达率兵东进，全力攻打张士诚。不久之后，常遇春便率军攻克赣州，赣州守将熊天瑞投降。徐达则继续指挥大军平定湖湘，随后便火速向湖州一带进发。

此前，朱元璋就一直非常重视对张士诚的间谍战。在击败陈友谅之后，他的劲敌就只剩下张士诚了。对此，朱元璋曾分析道："江南只有我与张士诚争雄。"朱元璋深知张士诚非常精于间谍战，但他并未畏惧，而是决心针锋相对，力争以巧取胜。朱元璋曾告诫部下："张士诚善使奸计，也喜欢用间谍。"为了搞好对张士诚的间谍战，朱元璋曾派出13名侍卫假装畏罪潜逃，逃到张士诚处。这些侍卫经过努力，都深得张士诚信赖。他们长期潜伏，为朱元璋收集情报。没想到的是，一段时间之后，其中的一位备受张士诚器重，引发了同伴的嫉妒，这些间谍从而被一一揭发出来，悉数被杀。

由于朱元璋此前对张士诚有了足够的了解，故而他对徐达此次东征张士诚很有信心。在徐达大军出发之前，朱元璋就对徐达说："我想让熊天瑞成为我的间谍。"看到徐达一脸困惑的样子，朱元璋命令左右都立刻退下，悄悄地告诉徐达：前些天张士诚的部将熊天瑞不是真心要投降，迫不得已才假装倒戈，投降之后经常心怀不满，迟早会再反叛，所以攻打湖州的计划一定要对其保密，但要让熊天瑞随军出发，并且告诉他大军要直捣平江。朱元璋预测，一旦他得到机会，一定会给张士诚通风报信，这样一来，反间计就可以派上用场。

徐达按照朱元璋的授意，在熊天瑞面前有意无意地泄露作战计划，谎称他们即将攻打平江。熊天瑞暗暗记在心头，并寻找时机逃走。徐达大军行至湖州之昆山时，熊天瑞果然叛变逃跑。作为曾经变节之人，熊天瑞重新见到张士诚后，立即呈上自己的见面大礼，这就是他从徐达处获得的重要情报。张士诚本来认为徐达主力尽在湖州，得到情报后他连忙派出大军前往苏州增援。看到对手中了调虎离山计，徐达乘机将湖州包围。等张士诚缓过神的时候，一切都为时已晚，只能眼睁睁看着湖州失守。

攻克湖州之后，朱元璋布置大军将苏州团团围住。次年九月，苏州城被攻破，张士诚自杀。

明太祖朱元璋善于行间，其中尤以对付陈友谅的谍战最具成效。他选择康茂才行间，是因为对陈友谅进行过深入研究，知道陈友谅对故交老友多少存有一丝信任。在选择送信使者时，朱元璋特地挑选出一位看似老实巴交的老仆人，以尽量消除陈友谅的戒备之心。事实证明，他的这些安排都起到了作用，陈友谅最终上当，纵有强大的水军也无济于事，没能挽回败局。

朱元璋在夺取天下之后，为了保证朱明王朝世代相传，除了大肆屠杀功臣、牢牢把持军权之外，还将自己的儿子纷纷封王。其中朱棣被封为燕王，镇守北疆。当朱元璋选定朱允炆继承王位后，手中握有重兵的朱棣便以"靖难"为名，举兵南下，夺取皇位，是为明成祖。朱棣夺取皇位可谓蓄谋已久，志在必得，道衍的间谍战是这个庞大计划的一部分，也起到了关键作用。

僧人道衍，原名姚广孝，因少年家贫，出家做了和尚。经过举荐，道衍得以侍奉明太祖第四子朱棣。当时，明太祖朱元璋坐镇应天（今南京），而朱棣则远在北平，距离都城非常遥远。朱棣要想去应天表忠心，还得经过朱元璋批准，如果派遣使者，又担心难尽己意，这显然对朱棣十分不利。为了改变这种局面，道衍建议朱棣在皇帝身边尽量安插一些耳目，以便及时掌握皇帝的动态。朱棣采纳了建议，立即派他携带重金前往应天，收买和笼络宫廷各级官吏。由于道衍的成功运作，朱元璋最宠爱的妃子也被收买，经常在朱元璋面前替朱棣说好话。朱元璋甚至一度选择朱棣作为皇位的继承人。有一次，正当朱元璋的宠妃夸奖朱棣之时，旁边一位宦官忽然生疑："娘娘深居皇宫，怎么会知道离京城这么远的燕王的事情？"朱元璋听完这话也觉得蹊跷，不免会对朱棣产生一丝戒备之心。

朱元璋死后，皇太孙朱允炆继承了皇位，是为建文帝，诸皇子大感不满。朱棣决定与建文帝进行一场争夺皇位的大决战。建文帝对此也有防范。他任命工部侍郎张昺为北平左布政使，再派谢贵担任都指挥使，以打探燕王朱棣的动静。与此同时，他还安排魏国公徐辉祖利用与燕王妃的关系，多方收集有关朱棣的情报。可以说，建文帝早已经悄悄地在朱棣身边撒下了一张谍网。

面对这种局面，道衍建议朱棣一定要秘密地展开备战和练兵，不能让建文帝派来的间谍发现任何蛛丝马迹，军队必需的兵器也要秘密地进行赶造。为了搞好隐蔽，道衍还建议朱棣训练部队时只训练骨干力量，大量的兵员可以在战时临时招募，这样就不太容易引起注意，从而避开间谍的侦察；至于打造兵器的工厂，则选择建在地下，地面上大批蓄养鹅鸭等牲畜，以乱其声。当锻铸兵器的声音响起，鹅鸭则由于受到惊动而大叫，这样一来，铸造兵器的声音就被成功地淹没在巨大的声浪之中。

朱棣的这些备战行动进行得非常隐秘，可谓是神不知鬼不觉，然而，消息最终还是走漏出去。建文元年（1399）六月，燕山百户倪谅秘密来到谢贵处告密，揭发燕王大举征用木炭，疑似铸造兵器。建文帝得知之后，心生恐惧，派人前往北平，试图秘密逮捕燕王府幕僚，并且下令谢贵、张昺严密把守燕王府第，不准可疑之人出入，以防朱棣生变。

这时候，只有身披袈裟的道衍能任意出入燕王府。然而，正是这位看起来并不起眼的和尚，一直充当着燕王府的头号谋臣。在道衍的设计下，燕王的亲信张玉、朱能纠集800名勇士潜入府内，杀掉谢贵、张昺，促使燕王朱棣举兵起事。

建文元年七月，朱棣以"清君侧"为名，举兵发难，自名其军为"靖难之师"。见此情形，建文帝连忙派耿炳文率军30万进行讨伐。面对十倍于己的北伐大军，朱棣并不慌张。他派出大量间谍，密切侦察敌情。很快，前方间谍送来情报，说耿炳文已经年老体衰，大军之中并无可用将领，而且军队纪律不严，战斗力低下，可用突然袭击的战法击败北伐军。

燕王朱棣起兵初期取得了一些胜利，但在随后很长的时间内，与朝廷军队形成了旷日持久的拉锯战，而且长达3年之久。这期间，燕王虽亲临战阵，身先士卒，却仅据有北平、保定、永平三府而已，且三府屡屡处于险境。这种情形令燕王朱棣十分着急。没想到就在这个时候，远在京师的间谍给朱棣打开局面提供了重要的线索。

朱棣为了获得有关建文帝和朝廷的重要情报，曾派道衍和尚前往京师大肆收买和拉拢朝廷官员，使得他们成为内应，为自己及时提供有价值的情报。其中徐达的第四子即左都督徐增寿，被收买后甘愿充当朱棣间谍。当初，建文帝隐约察觉出朱棣有举兵反叛之心时，曾经询问过徐增寿的看法。已经被朱棣成功收买的徐增寿对建文帝说："燕王先帝同气，富贵已极，为什么要造反呢！"这番话为朱棣收到了很好的掩护作用，也为他赢得了宝贵时间。等到朱棣真正起兵之后，徐增寿多次将京师的虚实情况报告给朱棣，为燕王提供了大量情报。建文帝慢慢察觉出不对劲，对徐增寿产生了怀疑之心。后来，在朱棣大军渡江之后，建文帝恼羞成怒，处死了徐增寿。

当时，朝廷中被朱棣收买的还有娶怀庆公主为妻的王宁。王宁，寿州人，善诗书，娶公主为妻后受到朝廷重用，掌后军都督府事。他被朱棣收买成为间谍之后，曾经向燕王泄露朝中密情，后来被建文帝察觉，遭到关押。朱棣夺取皇位之后，封他为永春侯。

虽然朱棣精心安插的这些内线中，有的被抓捕坐牢，有的被斩杀，但他花费在间谍战上的精力并没有白费。促使朱棣下定决心起兵反叛的，正是一名间谍提供的情报。据《明史》记载，当时朱棣正为时局走向忧心忡忡，一位被黜的宦官提供了一条重要情报："京师空虚可取。"朱棣得到这一情报后，立即决定破釜沉舟，孤注一掷，集中兵力攻打京师。

建文三年（1401）十二月，燕王朱棣率领主力远袭京师，仅留少量军队在其他各处发动佯攻。等到建文帝发现长江对岸驻扎大批敌方军队时，已经来不及组织任何救援。建文四年（1402）六月，朱棣从瓜州渡江，从镇江经龙潭，取道金川门，将应天团团围困。守将谷王穗、李景隆见大势已去，只得打开城门投降，朱棣终于如愿坐上皇位。

在朱棣登基过程中，僧人道衍起到了非常关键的作用。由于他出色地组织，使得朱棣能够及时掌握朝廷的动向，并且很好地隐藏了己方的意图，从而在夺取皇位的战争中占据了主动。与之相反的是，建文帝这边则是马虎大意，不仅没搞好敌情侦察，连基本的保密都没做好，任由朱棣和道衍在皇室内部布满内应，失败之局在所难免。

在明代，值得一提的还有王守仁的谍战谋略，包括在选择间谍和用间时机上，都有可圈可点之处。

王守仁（1472～1529），字伯安，浙江余姚人，自号阳明子，是我国历史上著名的思想家。他所倡导的学说，世称"心学"或"王学"，对当时及晚明具有非常深远的影响。王阳明不仅仅在儒学上颇有建树，还是一位善于指挥作战的军事家，非常善于运用间谍战。在镇压江西一带盗贼和平定宁王朱宸濠的叛乱中，他曾运用间谍战帮助明军取得胜利。

1517 年前后，江西南部、福建西部一带盗贼蜂起。谢志山占据着横水、左溪、桶冈，池仲容占据着浰头，各自占山称王，并且与大庾陈曰能、乐昌高快马、郴州龚福全等一起，危害当地百姓，冲击官府。就在这时，福建大帽山的盗贼詹师富等又起来闹事，让官兵头痛不已。赣县主簿吴玭战死，巡抚文森干脆借口身体有病，拒绝出面平叛。

就在这时，兵部尚书王琼提拔王守仁为右佥都御史，巡抚康南、赣州地区。面对"盗贼蜂起"的局面，王守仁并没有退却，而是决心组织力量平叛。在经过一番打探之后，王守仁得知，山贼之所以每每进攻得逞，是因为在官军当中有许多人沦为他们的间谍；而官兵每当组织进攻，作战计划都被山贼提前获悉，因此屡次扑空。

找到症结所在，王守仁决心先从清除内奸着手。在经过仔细排查之后，他发现一位年老隶役一直在悄悄地充当山贼的奸细，便抓来进行审问。隶役虽然狡猾，最终还是交代了自己通匪的罪行。王守仁忽然想到一条妙计，他临时决定免除老兵的死罪，给其一个戴罪立功的机会。他命令老兵混到山贼中间，侦察山贼的动向，然后向官兵及时进行汇报。王守仁这一招果然收到了很好的效果，据《明史》记载，这之后，"贼动静无勿知"，为官兵的进剿行动提供了极大的便利。王守仁马上下令征调福建、广东的官兵，先讨伐大帽山山贼。由于得到了准确的情报，王守仁命令部队先佯退，然后再出不意发动攻击，一举攻破山贼40余寨，俘斩7000多名山贼。

接着，王守仁挥师赣州，商讨攻打浰头盗贼。当初攻打詹师富的时候，龙川的卢珂、郑志高等投降了官兵。在攻打横水的时候，浰头贼将黄金巢也率领五百人来降，只有池仲容没被抓捕，因此王守仁设计诱捕池仲容。横水被官兵攻破之后，池仲容知道下一个讨伐对象就是自己，于是加强战备，严阵以待。他告知手下："卢珂、郑志高已经是我们的仇敌，很快就会来偷袭我们，一定要严加防备。"得知情况后，王守仁施行苦肉计，故意杖责了卢珂等人，并且放松戒备，然后赠给池仲容礼物。池仲容将信将疑，决定率小部分人马打探究竟，然后带着几个人以答谢为名，求见王守仁。看到这种情形，王守仁知道池仲容已经上当，对他说："你们都是我的民众，还在外驻扎，是不相信我吗?"王守仁将其引入祥符宫，拿出最好的酒菜招待他们。之后，王守仁盛情挽留仲容观灯享乐，这一系列举动让池仲容终于慢慢放松了戒备。等池仲容的手下慢慢聚拢过来，王守仁布置兵马进行抓捕，一举将他的势力剿灭，斩首 2000 多人。

1519 年六月，宁王朱宸濠自以为羽翼丰满，正式起兵反叛朝廷。当时，王守仁正奉命赶往福建剿匪，行至丰城时得知朱宸濠反叛的消息。他不敢怠慢，急忙赶赴吉安，与伍文定商讨征调兵马粮草，整治器械、舟楫，同时传檄各处，声讨朱宸濠的罪行，通知各处守军勤王。

接到王守仁的通知之后，都御史王懋中、编修邹守益、副使罗循与罗钦德、郎中曾直、御史张鳌山及周鲁等，都立即赶到王守仁大军中来。王守仁发现，叛贼如果沿着长江顺流东下，那么南都就很难保住，不如设计阻挠他们，让他们的行动计划受阻，从而赢得胜机。

打定主意之后，王守仁便开始大量地派遣间谍，四处活动，竭力干扰朱宸濠的行军计划。据《明史》记载，为平叛争取宝贵时间，王守仁以朝廷名义向各府县传递声讨朱宸濠的檄文，檄文中说:"都督许泰、郤永将边兵，都督刘晖、桂勇将京兵，各四万，水陆并进。南赣王守仁、湖广秦金、两广杨旦各率所部合十六万，直捣南昌，所至有司缺供者，以军法论。"檄文写好之后，王守仁通过巧妙设计使得朱宸濠得以见到檄文。

与此同时，王守仁又写密信制作成蜡丸，传于朱宸濠手下得力干将——所谓伪相李士实、刘养正，信中对他们回归的诚心表示肯定，同时命令他们尽早发兵东下。信写好之后，王守仁故意让间谍将书信内容泄露出去。朱宸濠得知书信内容之后，果然开始产生疑心。朱宸濠正与李士实、刘养正商量下一步打算，李、刘二人都劝说他尽快率兵前往南京即位，这与密信的内容正好吻合，使得朱宸濠怀疑李、刘二人与朝廷暗中勾结。朱宸濠产生疑心之后，便不敢再轻举妄动，而是暂缓此前已经制定好的一切军事行动，而且对李、刘二人也失去了信任。

朱宸濠按兵不动，派出间谍多方打听官兵消息。一直等到10余日之后，也不见京师和湖广勤王大军到来，朱宸濠才明白自己上当了。他连忙率领6万大军，按照原来议定的计划袭击南京，只留下少量兵马守备南昌。

王守仁得知南昌的叛军极少，便召集各路兵马8万人，号称30万，计划攻打南昌。就在王守仁下令出兵之时，前方间谍传回情报，叛军已在坟厂一带布置了伏兵。王守仁便以文定为前锋，又派新知县刘守绪乘夜袭击伏兵，开始攻打南昌。文定率兵突抵广润门，叛军始料未及，防守的士兵立刻溃散，官兵顺利攻下南昌。

在拿下南昌之后，王守仁沿路设伏，静等朱宸濠回兵救援南昌。朱宸濠听说南昌受到官兵围攻，果然从安庆撤军。回兵救援的路上，朱宸濠紧急布置救援方案，然而，就在他召见群臣的时候，官兵忽然杀到。叛军猝不及防，立刻溃不成军。朱宸濠及其主要党羽李士实、刘养正等都被抓获，叛乱就此平息。

王阳明用间手法堪称精妙，体现出他过人的才智。虽说苦肉计、巧用老兵这些谍战手法都是前朝惯用，但由于王阳明时机把握得当，运用纯熟自如，所以还是发挥出极大效应。王阳明虽熟读儒家经典，却未受到儒家仁义道德的束缚，敢于并巧于用间，他运用伪造檄文的办法来威慑对手，反映出其灵活务实的一面。

2　明清易代之际的谍战

明朝末期，女真族在东北崛起，其中的关键人物就是努尔哈赤。经过努尔哈赤的努力，女真各部于万历四十三年（1615）初步完成统一，从而有了与明朝一争高下的资本。在统一女真的过程中，努尔哈赤虽与明军有杀父之仇，却能始终保持克制，极力避免与明军直接交战。由于策略得当，加上明政府的腐朽，明朝并没有对努尔哈赤的统一进行干涉，更没有及时组织力量对其进行打击。然而，当努尔哈赤建立起后金政权之后，与明军难免会发生碰撞。

万历四十七年（1619），明朝出动十万大军与努尔哈赤在萨尔浒形成对峙，当时负责指挥明军作战的是兵部左侍郎杨镐。杨镐虽然熟悉辽东事务，其实是个贪生怕死之徒。万历二十五年（1597），因为他指挥不力，明军在朝鲜之役中全线失利。明廷起用杨镐，显然属于用人不当。

战争将要发起时，杨镐拒绝了刘綎等人的合理建议，一意

孤行地采用多路出击的方式。在他的指挥下，明军从 4 个方向
对后金发起进攻：马林率北路军从开原出发，经三岔口，过尚
间崖，进攻苏子河；杜松统领西路军，出抚顺关向西，直奔赫
图阿拉；李如柏率南路军，由清河，从南面进攻赫图阿拉；刘
綖则率领东路军，出宽甸，从东面进攻赫图阿拉。杨镐自己则
坐镇沈阳，担任总指挥。

　　据《辽广实录》记载，面对明军声势浩大的多路围攻，
努尔哈赤采纳了李永芳的"凭你几路来，我只一路去"的作
战方针，准备集中优势兵力，逐个展开歼灭战。他一面严密封
锁消息，防止军情泄露，一面派出大量间谍，四处收集明军情
报。依靠扎实有效的谍战，努尔哈赤掌握了明军的作战部署和
行动计划，制定了有针对性的策略。

　　努尔哈赤决定以八旗精锐阻击立功心切的杜松。三月一
日，杜松不顾与其他诸路兵马的约定，擅自率军先出抚顺口，
很快就形成孤军深入的局面。努尔哈赤得到前方间谍所提供的
情报，得知清河之路的明军已经出发，而且没有协同作战的部
队跟进，立即长舒一口气。努尔哈赤决定立即抓住杜松孤军深
入而且清军兵力分散、无法组织救援的机会，对杜松发起猛
攻。勇而无谋、刚愎自用的杜松贪功冒进，大军遭到伏击后，
很快就溃不成军，杜松当场战死。

　　马林率军抵近尚间崖，听到杜松溃败的消息，他未战先
怯，与努尔哈赤甫一交手，便立即溃败，随后率领残部仓促逃
往开原。

　　明军已有两路被击退，努尔哈赤的军队士气大振，继续挥

师南下，准备迎战刘綎率领的东路军。为了诱敌深入，努尔哈赤采纳了皇太极的建议，一面严密封锁杜松溃败的消息，一面利用击败杜松时所缴获的令箭，诱骗刘綎仓促出兵。努尔哈赤派出杜松手下的一名降卒前去刘綎大营行间。降卒手持令箭，来到刘綎大营说道："杜将军已兵临赫图阿拉城下，敬请将军急速启营，共同夹击，必破后金军。"刘綎并不知道杜松已经战死，在看到令箭之后，对降卒所言信以为真，立即下令火速进兵。

当行间的降卒回到大营之后，努尔哈赤命令用刚刚缴获的明军大炮开始佯装射击，再次诱使刘綎上当。刘綎听到炮声大作，误以为杜松大军已经抵达赫图阿拉，下令部队加速前进，配合杜松作战，没想到就此进入后金军的伏击圈。在到达阿布达里岗时，刘綎的队伍遭到突然袭击，刘綎当场阵亡。努尔哈赤仅用了5天时间就打了一场漂亮的歼灭战，瓦解了明军声势浩大的多路进攻。"萨尔浒之战"以明军的完败而收场。

努尔哈赤虽是塞北少数民族出身，却深谙兵法三昧。在与明军作战过程中，他的指挥之法与《孙子兵法》有颇多契合之处。比如，他重视"情报先行"、力求"并敌一向"等，这些战法都可从《孙子兵法》中找到出处。尤其是他重视收买间谍、重视收集情报的做法，与明军的多路进攻、盲目分兵形成了鲜明的对比。显然，努尔哈赤的指挥之法和用间策略对战争结局起到了决定性作用。

萨尔浒之战失败后，朱明王朝惊慌失措，开始意识到问题的严重性，紧急研究东北地区的防务。随后，熊廷弼被保举经略辽东防务。在后金方面，努尔哈赤在取得萨尔浒之战的胜利之后，便计划进一步夺取沈、辽。因此，沈辽之战已经在所难免。

努尔哈赤首先计划夺取开原、铁岭等战略要地。开原是明军在辽东的主要军事重镇，本该由重兵把守，没想到明廷只是派遣没有指挥能力、刚刚在萨尔浒之战中狼狈逃回的马林担任守城将领。努尔哈赤得到这一情报之后，立即率领4万大军直扑开原。为了打好开原之战，在抵达开原之前，努尔哈赤已经派出大量间谍悄悄地潜入开原城内。开原城内明军的行动规律和虚实情况等重要情报，被后金间谍悉数掌握。努尔哈赤从间谍口中得知，开原城内的明军缺粮少饷，士气低落，战斗力低下，故此开原的防务形同虚设。

努尔哈赤侦察得知，开原的守军会定期开城牧马，他便抓住这个机会，突然出兵包围开原。马林率领守军仓促登城布防，但已于事无补。预先潜入开原城里的后金军间谍则乘乱打开城门，使得后金军队得以顺利进入城内。守城的明军忽然发现城里布满后金的军队，一时间惊慌失措，战斗力骤降，开原城就此沦入后金军之手。

由于努尔哈赤出色的谍战策略，后金军未费很大力气就占领了开原。曾任明朝辽东经略的王在晋就这样认为："开原未破而奸细潜伏于城中，无亡矢遗镞之费，而成摧城陷阵之功。"可以说，开原之战中明军的失利，固然与明廷用人不当有关，同时也是努尔哈赤巧妙行间的结果。

天命四年（1619）七月，努尔哈赤率兵攻打铁岭。他派遣说客对明军守城将领丁碧进行游说。一面是大兵压境，后金军队团团围困，一面是努尔哈赤的威逼利诱，丁碧最终选择了叛变。当清军攻城之时，丁碧主动开门纳敌，努尔哈赤通过间谍战，再次轻松地攻占铁岭。

开原、铁岭与后金军开战之前，熊廷弼奉命经略辽东，但是在他到达辽阳之时，开原、铁岭已经失陷，辽东的防务一片混乱。熊廷弼经过调查，发现敌我双方的力量对比已经发生了很大变化。他决定奉行"坚守渐逼"之策，用今天的话说，就是积极防御战略，与后金军进行周旋，再寻找进行决战的良机。

熊廷弼在镇守辽东一年多时间里，可谓恪尽职守。他经常亲自巡查辽东边关要塞，罢黜庸官，撤换贪将，重用贤良，以此来安定民心，激励士气。经过熊廷弼的努力，以辽阳、沈阳为中心的辽东守备得到很大程度的加强，扭转了此前的不利局面。努尔哈赤不敢再冒险西进，被迫改变作战计划，北取叶赫，西抚蒙古，耐心等待作战时机。

努尔哈赤并未等待多久就迎来了机会。由于明廷党争愈演愈烈，熊廷弼被免职，替代他的是"用兵非其所长"的右金都御史袁应泰。

袁应泰上任之后，立即改变了熊廷弼的作战部署及战略方针，连续撤换十余名将吏，导致前线指挥一度非常混乱。为了解决兵力不足的问题，袁应泰大胆地招降蒙古及女真流民，但这无疑给了努尔哈赤安插间谍的良机。努尔哈赤得到这些消息之后，立即选出一些精明强干的士兵作为间谍，趁招募之机混入明军队伍。事实证明，这些间谍对后金攻城作战起到了非常关键的作用。而袁应泰的一系列错误举措，则为自己种下了苦果。

天启元年（1621）二月，努尔哈赤率领大军先期进攻奉集堡（今沈阳东南），遭到明军的顽强阻击，他立即挥师包围沈阳。沈阳城高池深，城防工事坚固，各种防御作战的武器装备非常充足。努尔哈赤知道沈阳急切难以强攻，便设法引诱明军出城迎战。

二月十三日晨，努尔哈赤派轻骑兵来到沈阳城下邀战，守将贺世贤自恃勇猛，请兵出城迎战。后金军队佯败，贺世贤率领大军紧追不舍，队伍行进20余里，进入后金军队的伏击圈，结果被后金的精锐部队打得七零八落，贺世贤本人也中箭坠马而死。随后，努尔哈赤指挥部队乘胜攻城，与守城明军展开激烈厮杀。就在双方激烈鏖战之际，此前后金精心安插的间谍突然出现阵前。他们冲上前去，砍断吊桥绳索，引导后金军队攻城。后金军队由此得以迅速渡过护城河，攻入沈阳城内。守城明军四散溃败，约7万守城军民被杀死，努尔哈赤占领沈阳。

沈阳失守之后，袁应泰只得收缩防线，将明军集中到辽阳一带，企图集中兵力固守。辽阳的城防工事同样十分坚固。努尔哈赤命令城内潜伏的间谍再次上演里应外合的作战计划。三月二十一日，当努尔哈赤对辽阳发起总攻之时，辽阳城内的后金间谍到处放火。城内各处草场均被点燃，城内火光冲天，守城将士立即乱作一团。这时候，又是间谍乘机打开城门，引领后金军队进城。袁应泰眼看大势已去，只得自杀谢罪，辽阳也被后金占领。

努尔哈赤用兵，一贯重视用间。辽沈之战，明军吃尽了间谍之苦。在攻城过程中，正是努尔哈赤预先埋伏的间谍及时打开城门，对改变战争结局起到了决定性作用。可以说，努尔哈赤的耳目遍布且在战争中充当了关键角色，很好地诠释了"情报就是战斗力"这句话。

辽沈相继失守，令明王朝大感震惊。经过朝议，熊廷弼被重新任命为辽东经略。没想到他虽然赴任，仍受到党争牵连。由于与王化贞相处不睦，他的战略设想并不能实现。这种内耗的结果是，明军很快就在广宁之战再次惨败。这之后，熊廷弼被判死刑，其职务由王在晋接替。与此同时，明廷任命孙承宗为兵部尚书，年轻有为的袁崇焕受到重用。不过，袁崇焕的战略方针与王在晋并不一致，而且党争之祸同样在影响着前线防务。不久之后，支持袁崇焕的孙承宗被朝廷罢免，袁崇焕难免受到影响。

善于间谍战的努尔哈赤很快便得到明军内部不和以及更换辽东经略的消息，认为这是进兵良机。天启六年（1626）正月，他率领13万大军向河西走廊挺进，迅速抵达宁远。当时，驻扎在宁远的明军只有1万余名，与对手相比，兵力相差悬殊。面对险境，袁崇焕决定加固城墙，坚守不出，以拖待变。事实证明他的这一守城战术非常奏效，后金军队连续攻城均受重挫。努尔哈赤派出使者劝说袁崇焕投降，遭到严词拒绝。几天之后，努尔哈赤在督军攻城时受伤，不得不下令撤军，明军取得宁远之战的胜利。努尔哈赤因为伤重，逝于当年八月。

得知努尔哈赤已经伤重而亡，袁崇焕一面以和谈为借口，与后金军队周旋，一面积极布置防务，以图再战。天启七年（1627），皇太极再次攻打宁远，同样被袁崇焕用有效的守城术和猛烈的炮火击退，连皇太极的营帐都被红衣大炮摧毁，皇太极只得下令撤军。

崇祯二年（1629），皇太极再次亲率大军南征。驻守在宁远的袁崇焕迅速集结兵力，试图由蓟州阻止清军前进。没想到皇太极立即改变行军路线，改道玉田、三河，直抵通州。袁崇焕立即率军尾随而去。这个时候，明廷听到袁崇焕"引导金兵入关"的流言，命令袁崇焕不得越过蓟州一步。皇太极猛然意识到，利用反间计可以除掉袁崇焕这个劲敌。于是，他便开始密谋除掉袁崇焕。

明朝末年，朝廷腐朽，政治黑暗。袁崇焕在取得宁远大捷之后，不但没有得到褒奖，反而被魏忠贤等奸邪小人诬告"通敌"，一度受到罢免。崇祯皇帝即位之时，正是辽东局势越发紧张之日。眼看战事紧迫，朝中又无可用之人，崇祯无奈之下，只得重新起用袁崇焕。袁崇焕重新获得执掌兵权的机会，一度豪情万丈，曾向皇帝许下"五年复辽"的诺言。这其实只是袁崇焕开出的一张"空头支票"，不仅难以实现，同时也使得自己陷入非常被动的局面。

明廷内外一片乌烟瘴气，忽然有人站出来挑大梁，朝臣并不是喝彩和鼓掌，而是坐等着看袁崇焕的笑话。这之后，战事稍有不顺，舆论便会对袁崇焕非常不利。袁崇焕带兵回援北京时被拒绝入城，他应有所警醒，没想到他非但没有从此多加小心，反而无故斩杀东江镇守毛文龙，此举无疑令自己更加被动。毛文龙在后金攻占辽东之后，一度在沿海岛屿召集散兵游勇与后金军队周旋，渐渐带出了一支具有相当作战能力的军队，受到朝廷加封。因此，当袁崇焕杀掉毛文龙，连崇祯皇帝都感到非常惊讶，朝廷上下也大惑不解。其实，袁崇焕斩杀毛文龙并非明智之举，一方面使得辽东少了一支牵制后金的军队，另一方面令自己遭受多方责难，埋下了一个极大的隐患。

皇太极当然不会放过这个施行反间计的良机。当时，为了加强对边疆大吏的控制，崇祯皇帝经常派太监去边境刺探情报。这些执行任务的太监，有的因为道路不熟而被清军活捉。后金军中就关押着两名被俘的明朝太监。于是，皇太极决定利用这两名太监巧做文章，除掉袁崇焕这个心腹大患。

皇太极召来看管这两名太监的副将高鸿中、参将鲍承先，对他们做了一番详细安排，让他们在看押时故意放松警惕，好让太监们有机会"出逃"。一天夜里，高鸿中等人在离两名太监很近的地方，故作神秘地谈论"军情要事"，佯称袁崇焕已向皇太极投诚。两名太监虽被关押，对这些对话非常敏感，所以躲在一边仔细窃听，把他们的对话都仔细记在心中。几天后，高鸿中故意放走明朝太监。这两名太监回到朝廷，立即向崇祯帝报告了他们所窃听来的有关袁崇焕的秘密情报。崇祯帝本来就对袁崇焕心存疑虑，听到太监的这番话之后，立即就信以为真，认定袁崇焕有通敌之罪，决定对其进行抓捕。崇祯二年十二月一日，崇祯帝以"议饷"为名义，召见袁崇焕、满桂、祖大寿等人，乘机逮捕袁崇焕，不久之后就将其杀害。袁崇焕的妻子和兄弟都遭到流放。

明廷给袁崇焕所定罪名有两条，其一是擅自斩杀毛文龙，其二便是与后金密约卖国。这两条罪名中，第一条确实属袁崇焕所为，第二条则完全是无中生有，是明廷中了皇太极所设的圈套。京城百姓不明真相，都跟着一起唾骂袁崇焕卖国，可怜一代抗清名将蒙受大冤而死。

皇太极间除袁崇焕，除了巧妙运用太监传递假情报之外，实则也是抓住了一个很好的时机，巧妙地利用了纠缠在袁崇焕身上的内外矛盾。袁崇焕无故斩杀毛文龙，急于收复辽东，崇祯皇帝的多疑性格等，都给皇太极实施反间计提供了机会。在确定反间计之后，皇太极故意突袭北京，也很好地牵制了袁崇焕的动向，干扰了明廷的判断。多种因素综合在一起，终于让崇祯皇帝做出了斩杀袁崇焕的举动。这一"自毁长城"的愚蠢之举，在很大程度上改变了辽东的攻守态势。

3　海岛谍战：收复宝岛的必备利器

明朝灭亡之后，不肯降清的汉人纷纷组织力量抗击清军。在这些反清武装中，郑成功领导的抗清水师势力较强、影响较大。为了支持抗清大业，郑成功从荷兰人手中收复台湾。在这场海岛作战中，情报和谍战所起的作用格外重要。

16世纪后半叶，荷兰开始崛起，很快就成为海上霸主。1623年，他们由熟知台湾情况的华人海商李旦带领，占据台湾岛，并建立基地。

郑成功在明亡之后追随南明隆武政权，很受重视，被赐姓"朱"，故此又名"朱成功"。隆武政权灭亡之后，郑成功建立了一支以水师为主的抗清队伍，依靠东南沿海岛屿，凭险设伏，与清军巧妙周旋。由于方针得当，到了顺治九年（1652），郑成功已经成功控制福建、广东沿海长达一千余里海岸线，占据包括台湾岛在内的岛屿千余个。

郑成功能够逐渐发展壮大，和他建立庞大严密的谍网、实施了卓有成效的间谍战也有着密切联系。据《海上纪略》记载："成功又遍布腹心于内地，凡督、抚、提、镇衙门，事无巨细，莫不报闻，皆得早为之备，故以咫尺地与大兵拒守三十余年，终不败事。"郑成功非常重视情报工作，他以各地商行为依托，建立起严密的间谍网。在诸如都督府之类敌方的要害部门，郑成功都努力安插间谍，从而对敌人的兵力部署、作战计划和行军方向等都了如指掌，从而为自己制定作战方案起到了很好的参考作用。

当然，虽说郑成功的部队在抗击清军的战斗中异常英勇，但就当时的全局形势来看，清军处于绝对优势地位。郑成功只能节节败退，从南京退往厦门。在到达厦门之后，清军改变了此前以招安劝降为主的做法，要将郑成功残部彻底消灭。在这种严峻的局面之下，郑成功一直苦思出路，进而想到了收复台湾。

当时，台湾岛是荷兰人的殖民地，加之隔着茫茫的海峡，收复的难度相当大。为了确保万无一失，郑成功先派出间谍，前往台湾打探情况。间谍很快就联系上郑成功之父郑芝龙的旧部何斌。

何斌原是郑成功父亲郑芝龙的部下，在荷兰人占领台湾岛之后，被迫做了荷兰人的翻译。他虽然身在荷兰军营，却一直心向中国，对荷兰人在台湾的殖民统治和残暴行为一直充满仇恨。因此，当他听说郑成功有收复台湾的志向之后，立即前来秘密接洽。何斌有接近荷兰人的机会，所以对荷兰人的布防情况非常了解，与郑成功取得联系之后，更是处处留心收集情报。他将荷兰军队的兵力和分布以及台湾的地形地貌等情况都一一绘制成图表。1659 年，何斌逃出台湾岛，将自己收集到的情报向郑成功做了详细汇报，郑成功更加坚定了收复台湾的决心。

不久之后，又有间谍从北京传回情报，说清兵出动了万余人前来剿海。郑成功不得不与入闽清军进行周旋，暂时放下进兵台湾的计划。当然，郑成功并没有就此放弃收复台湾的计划，相反，他开始做着更加积极的准备工作。在台湾岛的荷兰人也听到郑成功将要收复台湾的风声，于是派使者携带信件，来到郑成功大营打探消息。郑成功非常清楚荷兰人的目的，为了达成收复台湾的战略目标，郑成功使用孙子"能而示之不能，用而示之不用"的手法，麻痹荷兰人。他同样派出使者给荷兰人送去信件，佯称没有余暇对这个草莽丛生的小岛采取敌对行动；另一方面，郑成功召集部下开会，激发斗志，统一思想，希望大家都能坚定决心，一举攻克台湾，从而获得一个安身之地。

郑成功还非常注意收集台湾岛和台湾海峡的相关气象情

报。他深知这场跨海登陆作战需要通过大量船只运送兵力，如果不能掌握海峡的水流和风向等情况，军队无法顺利靠岸，战斗就会处于下风。与之相反，荷兰人倒是对这些情报关注不够，对海峡之上的风向和水流情况都不是非常清楚，故此他们认为，郑成功即使想攻占台湾，军队也会受到季风和海峡的阻拦，无法达成所愿。

由于驻守台湾的荷兰军队疏于防备，所以，当郑成功的队伍突然出现在海岛上时，他们显得措手不及，很快就被分割包围。在与荷兰军队的交战过程中，郑成功除了通过当地百姓和海上渔民收集荷军情报之外，还努力通过抓捕俘虏获得相关荷军的第一手情报。在抓到俘虏之后，郑成功均能待之以礼，从而感召俘虏，从他们的口中得知荷军的准确情报，然后再采取针对性措施。当时荷军人心浮动，缺衣少粮，郑成功坚决将其围困，而不是急于求战，通过这种拖延战术，力争让荷军自动放弃抵抗。就这样，在经过一段时间的无效抵抗之后，荷兰人只得宣布投降。

郑成功收复台湾，让这座孤悬海外的宝岛重新回到了祖国的怀抱，也为施琅后来统一台湾，打下了坚实的基础。

施琅自幼生长在沿海地区，原本在郑成功手下听令，曾为郑成功夺取厦门、金门立下大功。郑成功也一直将其视为心腹，但后来，二人因为在广东征粮等问题上发生矛盾，导致他们分道扬镳。施琅感觉到处境不妙，于是决定投奔清军。当看到施琅不仅背叛了自己，还投靠了清军，郑成功恼羞成怒，立即杀死了施琅的父亲和弟弟。施琅因此而对郑成功有了刻骨仇恨。

　　由于施琅非常熟悉沿海一带的情况，尤其是非常熟悉郑成功集团的内部情况，清政府相信施琅可以帮助他们对付郑成功，所以立即对其予以重用。施琅很快便被任命为福建水师提督。

　　1661 年 3 月，郑成功从荷兰人手中收复了台湾。消息传来，清政府担心郑成功更加难以对付，不免忧心。就在这时，施琅向清政府上报了一个夺取厦门、金门的计划。在得到批准之后，施琅果然非常顺利地夺取了这两处战略要地，为下一步夺取台湾创造了条件。6 年之后，也就是 1667 年 10 月，施琅郑重地向清政府提交了攻取台湾的作战方案，这就是《决计进剿疏》。在此之前，清政府内部多数人主张对郑成功进行招抚，康熙也认为，军队跨海峡作战会损失很大，而且没有必胜的把握，所以显得非常犹豫。针对这种情况，施琅先是派出间谍详细侦察了郑成功的内部情况，并设法了解到台湾沿海的兵力布防，还打探到郑成功根本没有归降的打算。对这些情况进行分析之后，施琅主动向康熙上呈，希望能及早收复台湾，以免久拖不决，成为后患。施琅向康熙保证：“臣今练习水师，又遣间谍通臣旧时部曲，使为内应。俟风便，可获全胜。”康熙看到施琅的奏章之后，对攻打台湾有了信心，同意施琅择机出兵。

　　1662 年 7 月，郑成功病死，其子郑经嗣位。1681 年，郑经去世。在经过一番内部争斗之后，郑经的次子郑克塽继位，但实权旁落，郑克塽本人并无左右局势的能力。

施琅得知这些情况后，觉得出兵时机已经成熟，便向朝廷请求出兵。清政府立即授权施琅，全权负责出兵攻打台湾的一切事宜。施琅得到授权之后，一面加紧训练水军，一面进一步加强对台湾的间谍活动。

施琅在海滨长大，对于海洋水流和气候情况一直非常熟悉，深知气候条件对于海上作战的影响。他在写给朝廷的奏折中，便敢于自称对海面形势、风向、水情谙熟于心。为了做好渡海作战的准备，施琅高度重视收集气象和水文情报。他先后派出大量侦察船，对海峡和台湾岛进行侦察，掌握水流和天气变化情况。

施琅曾经在郑成功手下任职，结识了他的一些得力下属，彼此也可算作是故交。因此，在上任之初，施琅立即就派出三四位得力干将，悄悄地潜入台湾，与这些人建立起秘密联系，让他们为清军提供情报，从而为攻打台湾开始了有组织的间谍活动。施琅借此屡得这些人密寄的情报，对台湾的一举一动都非常清楚。

根据间谍们所提供的情报，施琅得知郑氏集团的精锐部队都集中于刘国轩部，负责镇守台湾本岛鹿耳门等重要港口和要害之地，而澎湖列岛虽是必争之地，却缺少得力干将防守，且守备军队缺乏训练，战斗力较低。这些情报为施琅合理用兵奠定了基础。关于刘国轩，也有间谍送来大量情报。从他们口中得知，刘国轩一直滥施淫威，妄杀无辜，导致台湾守军人人自危，并不愿意为刘国轩效忠。刘国轩却自以为能够对部队操纵自如，盲目地认为台湾岛守备坚固，所以一直志得意满、狂妄自大。施琅了解到这些情况之后，深知这是难得的可乘之机，更加坚定了收复台湾的决心。在做好这些侦探活动的同时，施琅反复对台湾海峡的天文地理、水文气象等情况继续做周密调查和深入分析，以寻找最佳出兵时机。经过反复研究之后，施琅最终定下了先打澎湖、再分兵迂回攻击刘国轩所率主力部队的作战计划。

康熙二十二年（1683）六月，施琅率领舰队由铜山出发，向澎湖发动攻击。刘国轩得知清军猛烈进攻澎湖，连忙率部进行救援。在战斗中，施琅右眼受伤，仍然坚持督战，清军士气振奋，异常勇猛。7天之后，刘国轩只得退守台湾。

就在施琅发动大军攻打澎湖的同时，姚启圣也积极开展间谍活动，配合施琅的军事行动。他任命卞永誉、张仲专理海疆，用大量金帛离间对手，不惜花费重金收买台湾守备将士。姚启圣甚至在漳州设修来馆，以高官厚禄招揽郑氏集团的官兵，凡投诚者都提供优厚的待遇，即便投诚之后又逃回台湾的，也一律不予追究。这些政策对台湾的守军起到相当程度的瓦解和离间作用。守岛官兵因此军心不稳，被策反的文臣武将有数百人，士兵达万余，一举改变了两军作战的态势。

两军对垒，"敌中有我，我中有敌"是常见现象。施琅深知台湾也一定派出很多间谍，千方百计打探有关攻台的战略情报。他将计就计，故意制造一些假情报，诱使对手上当。比如，在三四月份时，他曾佯装请求攻击台湾，给对手以极大的错觉。等台湾守军发现所谓进攻纯属子虚乌有之后，士气自然受到一些影响，这就为清军下一步进攻创造机会。施琅之所以选择在天气炎热的六月出兵，也是力图取得出敌不意的效果，使得对手的谍战计划失灵。结果证明，这一招果然取得了奇效，郑氏集团猝不及防，迅速溃败。

施琅同时非常注意情报保密工作。他上报康熙重要情报时都奏请皇帝注意保密，以免朝中大臣走漏消息，对潜伏较深的间谍的姓名，他奏折中一律予以隐匿。在澎湖列岛的战争结束之后，施琅为了进一步做好攻打台湾本岛的准备工作，对俘虏一律实施优待，愿意返乡的发给粮饷，受伤的则积极进行救治，并允许他们自由往返。这部分将士返回台湾之后，无形中也起到了宣传作用，对动摇守岛部队的士气起到了很好的作用。

这时候，康熙帝加紧展开对郑克塽的招抚。为了让郑氏集团免除疑惧，康熙帝承诺："煌煌谕旨，炳如日月，朕不食言。"看到大势已去，郑克塽决定接受招抚，于 1683 年 8 月向施琅水师投降。

无论是郑成功还是施琅，都非常重视用间，重视情报先行，这对他们收复台湾都起到了重要作用。由于海峡阻隔，信息难通，情报显得更加重要，谍战的地位因此格外突出。为确保登岛作战成功，郑成功以假相麻痹对手，最终的登岛地点和登岛时间都大大出乎荷军的意外，从而为最终的获胜奠定了基础。施琅登岛作战之前，发动了能够争取的一切力量收集敌情，对岛上守备情况做到巨细无遗地掌握。除此之外，施琅还组织了出色的攻心战，以游说等活动对守军进行瓦解和分化，动摇了守军的战斗决心。这些都可说是登岛作战的宝贵经验。

4　列强对中国的谍战

俄罗斯在元代以前尚不为中国人所熟悉，但在进入清代之后，随着国力逐渐壮大，势力便开始向东延伸，也逐渐开始与中国进行接触。到了顺治年间，沙俄开始入侵我国的黑龙江流域，与中国的边防军队屡屡发生直接的军事冲突。两个巨人之间的碰撞，从一开始就充满着血与泪。沙俄的东进计划蓄谋已久，只是他们没想到的是，在与清军的初期交战中，沙俄的军队未能取得预期的战果，没能占据他们所预想中的绝对优势，于是转而试图通过间谍战，来详细调查和了解中国，摸清这个东方帝国的虚实。从此之后，一批又一批的俄罗斯使团，借着各种名义，不远万里地来到中国。

菲得尔·巴依科夫于顺治十一年（1654）奉沙皇之命出使中国。临行前，沙俄政府密令巴依科夫要探明有关中国的情报。沙俄开始借出使为名，对中国进行间谍活动。

通过初期的外交和军事上的角力，沙皇政府逐渐意识到中国并非预想中的那样软弱可欺，又开始委派斯帕法里出使中国，继续收集情报。斯帕法里最大的成功之处在于，他利用自身的语言优势，与耶稣教会取得联系，通过耶稣会接触中国、了解中国。他与耶稣会教士南怀仁频繁接触，南怀仁对斯帕法里失去戒备之心，毫无保留地向他大量提供情报。诸如中国对俄罗斯的态度、中国国内的动乱以及战乱局势等重要情报，南怀仁都事无巨细地透露给了斯帕法里。

萨瓦也因为有丰富的外交经验和突出的获取情报的能力，被委任为特使前往中国。俄罗斯东正教修士巴拉第·卡法罗夫自道光年间起，先后3次率团来华，披着宗教的外衣，一直为沙俄的侵华扩张提供情报，对中国人民犯下了滔天罪行。

俄罗斯一次又一次派出使团来到中国，在公开出使的同时，秘密行间，悄悄地窃取了大量的情报。在这些出使团当中，一支特别的队伍也在从事着秘密的间谍活动，帮助沙皇政府大肆收集中国的情报。这就是俄罗斯向中国派出的披着宗教外衣的东正教传教团。

东正教会与俄罗斯政府有着千丝万缕的联系，所以，俄罗斯派往中国的传教团从一开始就带有明显的官方背景。沙皇政府甚至将这些传教团视为窥探中国、获取情报的重要手段之一，故而每每向他们安排了解中国、刺探情报的任务。这些间谍任务甚至成为俄罗斯驻华传教团的最大任务，超过了宗教事务本身。

1781年，俄罗斯东正教最高宗务委员会给即将前往北京传教的阿基姆·什什科夫斯基下达训令，要求他一定要千方百计获得"有关中国人的意向和活动的情报"。① 1818年8月4日，该委员会向驻华传教团下达的另一份训令则更加赤裸。在该条训令中，俄罗斯东正教会要求下属的神职人员所要完成的

---

① 吴克明：《俄国东正教侵华史略》，甘肃人民出版社，1985，第9页。

主要任务，"不是宗教活动，而是对中国的经济和文化进行全面的研究，并及时向俄国外交部报告中国政治生活中的重大事件。"①

除了神职人员之外，随团留学生也在不遗余力地利用各种渠道搜集有关中国的情报。这些留学生中，有不少人是在理藩院担任翻译，正好有机会大量接触中国官员，有收集情报的便利条件。比如第二届传教团的学生罗素欣自担任理藩院翻译之后，利用职务之便搜集整理了大量有关中国政治、经济、军事、外交等方面的重要情报，并在回国之后整理成册，写成《中国当局各王简史》和《满洲诸王、满洲军队秘密驻地、首都北京情况、满洲军队表册》两本书。第三届传教团的留学生弗拉迪金花了 1500 卢布买通了清政府的管理人员，成功复制了一套清朝各省地图，并秘密送回俄国枢密院。第六届留学生巴克西耶夫则是利用工作之便，收集了清朝政府 10 年动向的情报，后来整理成名为《1772～1782 年清帝国的秘密活动、意向、事件和变化纪要》的报告书。这些留学生的间谍活动非常猖獗，一度引起了清政府的警觉。1737 年，俄罗斯使馆下令禁止他们随意走动和出入。

1846 年，第十二届传教团向俄罗斯发回了中国即将爆发农民大起义、英国即将进攻中国的情报。俄罗斯当局意识到这是一个鲸吞中国领土的大好机会，便借机加紧展开对中国的大规模侵略活动。俄罗斯军队大举越过爱古斯界河，深入中国边

---

① 吴克明：《俄国东正教侵华史略》，甘肃人民出版社，1985，第32页。

境 700 余里，抢占了中国大片领土。俄罗斯驻华传教团的这种猖獗的间谍活动，使得其自身性质已经发生了根本性变化，俨然成为沙皇帝国侵略中国的一个帮凶。

除了政治、军事情报之外，这些传教团还担负着为俄罗斯窃取商业情报的任务，为俄罗斯商人和俄罗斯政府谋取在华的商业利益做着情报保障工作。俄罗斯政府曾密令传教团："在你们的报告中不仅要经常汇报传教团的情况，而且还要汇报有关中国的状况和贸易情况。"① 很显然，通过传教团的情报活动，俄罗斯人悄悄掌握了制定商品价格的筹码，从而在与中国的商业谈判中占据着主动。

俄罗斯使团甚至将所收集到的重要情报偷偷地与西方列强分享。1857 年 7 月，就在英法联军抵达中国北部海湾，准备登陆作战时，俄罗斯公使伊格那替叶福来访，向英法联军出示了一幅他精心制作的北京地图，还提供了关于白河防务和大沽炮台火力方面的许多情报。

与清政府的狂妄自大、故步自封、不轻易向俄罗斯派出使团相比，沙皇政府则是乐此不疲、前赴后继地派出使团，千里迢迢地赶赴中国。据统计，从 17 世纪中叶开始，到 19 世纪初为止，沙俄先后往中国派出了 12 个使团，别有用心地为其东进战略敲门铺路。在中国期间，这些人以出使为名，大肆进行间谍活动，秘密窃取军政情报，为更大规模的侵略和扩张做着

---

① 叶柏川：《俄国来华使团研究》，社会科学文献出版社，2010，第 324 页。

积极准备。当他们逐渐摸清了清政府的虚实之后，终于在19世纪中叶拉开了大规模侵华战争的序幕。

远在西太平洋的英国，很长时间都不为中国人所知，甚至在英国人知道中国几百年之后，中国人对于英国还是处于闻所未闻、一无所知的状态。然而，正是这个闻所未闻、远隔千山万水的国家，给中国人民造成了极大的伤害。1840年，英国拉开了侵略中国的序幕，发动鸦片战争，中国在战争中失败，被迫签订了耻辱的《南京条约》，自此沦入半殖民地半封建社会，成为列强餐桌上的鱼肉。

在鸦片战争之前，英国人就已经开始有计划地窃取中国的军政情报，为发动侵华战争做着积极的准备。通过大量的情报活动，英国人了解到中国军队羸弱不堪，也为发动侵略战争树立了信心。英国人认为："他们整个王朝虽然可以募集出两百万战士，但是除了毁掉国家并饿坏自己外，这些军人什么事也办不成……三万德国或英国步兵，甚至一万法国骑兵，就可轻易击败所有中国部队。"[①] 事实上，后来的战争结果证明，他们的这些判断并非是狂妄之词。

乔治·马戛尔尼在很长时间里都是一名悠闲自在的学者。然而，一旦受到了当权者的召唤，马戛尔尼便急匆匆地跑出书斋，成为王室一名非常特殊的使者，充当了英国人侵华的鹰犬。1792年9月，英国政府任命马戛尔尼为正使，乔治·斯

---

① 〔美〕史景迁：《大汗之国》，广西师范大学出版社，2013，第91～92页。

当东为副使，以祝贺乾隆 80 大寿为名，率领一支由 700 人组成的庞大代表团出使中国。

1793 年，马戛尔尼使团抵华后，提出开放宁波、舟山、天津等口岸及多项要求，遭到乾隆皇帝严词拒绝。马戛尔尼碰了一鼻子灰，不得不离开北京，做着返回伦敦的准备。他对此也有心理准备，转而以获取清廷情报为主。他在中国四处寻觅愿意为自己提供情报服务的传教士，通过他们获得有关清廷的各种情报，同时还和他们建立起稳定的联系，为日后继续获取情报打下基础。

当英国使团离开北京时，他们一路沿着京杭大运河，前往杭州等地参观。这个过程中，使团的工作人员堂而皇之地大肆收集中国的情报，随行画师亚历山大用西方的写实手法大量绘制图卷，大肆攫取关于中国山川水道的情报。使团的其他工作人员也放开手脚，在北京、天津及东南沿海做了大量的情况调查，内容甚至详细到中国的民歌和植物种类。其间，英国使团尤其注意收集中国沿海的军事布防情况，甚至连炮台和海防设施都仔细察看。中国上至朝廷官员，下至黎民百姓，都对使团的行为显得过于麻痹大意，这更纵容了英国人的间谍行为，他们得以心安理得、有恃无恐地大肆窃取情报。第二年 3 月，使团才离开中国。他们在回到英国之后，直接赶往英国朴次茅斯军港，将第一手情报交给了英国军方。这些情报后来成为英国发动侵华战争的重要依据。

马戛尔尼在掌握大量的军政情报之后，分析认为中国军队的战斗力是非常低下的。他说："中华帝国好比是一艘破烂不堪的头等战舰，它之所以在过去一百五十年没有沉没，仅仅是由于一班幸运的、能干而警觉的军官们的支撑。而它胜过其他邻船的地方，只在于它的体积和外表。但是，一旦一个没有才干的人在甲板上指挥，那就不会再有纪律和安全感了。"①

马戛尔尼在中国获取了大量的军政情报，但毕竟还是没能打开通往中国的大门，也没能建成如他们所愿的通商口岸，所以，英国政府不久之后又委派阿美士德作为使者再次来到中国。然而，这次出使仍然没有达成英国政府的意愿，阿美士德几乎是被清政府驱逐出境，所受待遇远远低于马戛尔尼。

英国政府当然不会甘心失败。眼看通过使团交涉的方式敲不开中国的大门，无法实现战略目标，他们便开始想别的办法，这就是战争。于是，阿美士德号间谍船带着特殊的侦察任务，悄悄驶往中国。

从厦门到福州，再到宁波，阿美士德号每靠近一处海港，就立即大量收集海域的水文资料、航道情报等。很多时候，他们还派出人员上岸，详细观察清军的炮台和水师布防，并一一绘制成图册，做了详细的记录。船上训练有素的情报人员还窜到吴淞炮台，深入要塞内部，仔细查看了清军的防御工事，了解装备配置。在偷偷观看了清兵的训练之后，他们认为清军纪

---

① 中国第一历史档案馆：《英使马戛尔尼访华档案史料汇编》，国际文化出版公司，1996，第6页。

律涣散，装备陈旧，战斗力低下，甚至断言："全中国的一千只师船，不堪一只兵舰的一击。"①

阿美士德号在上海停留半个多月，在获得了他们想要的情报之后，继续往威海卫方向开进。阿美士德号在中国沿海肆无忌惮地进行情报活动，竟然没有受到任何有效的拦阻，这让侵略者自己都大惑不解。后来他们才明白，原来是清政府害怕惹是生非，下令只需防堵即可，不准对外国船只武力相向，也不准上船进行搜查。清政府的这种软弱行为，无疑会让英国人更加有恃无恐。更多时候，他们毫不理会清政府的任何禁令，只要见到重要港口就肆意闯入，然后便是大肆收集情报，并作认真仔细的记录。

阿美士德号所进行的这些间谍活动，为后来英军发动鸦片战争提供了很好的情报保障。英军舍弃京津，改而进攻长江口，是根据阿美士德号所提供的情报做出的决定，甚至当中英签订《南京条约》时英国要求开放厦门、上海等五个港口，也是以事先的侦察为基础。阿美士德号正是充分利用了清政府的软弱和松懈，钻了清军防守不严的空子，既增强了英国侵略者发动侵华战争的信心，也为英军提供了足够详细而又准确的情报。

自16世纪中叶开始，西方国家的天主教传教士陆续来到中国。他们层层渗透，步步深入，公然在中国领土分设教区，

---

① 郭士立：《中国简史》第二卷，第410页。转引自姚薇元《鸦片战争史实考》，武汉大学出版社，2007，第49页。

以教会为中心大量建立根据地，培植起一支规模越来越庞大的特殊队伍。他们当中固然也有一些人从事宣传教义、劝人向善的活动，但也有不少传教士完全是以传教为名，干着为侵略者通风报信、收集和传递情报的罪恶勾当，甚至会完全沦为殖民侵略军的情报员。

从西方纷至沓来的传教士在来到中国之后，需要分期、分批向上级汇报来到中国的所见所闻，将有关中国的民族、语言、地理、商业等各方面的情况及时送回国内。这些重要情报成为英国政府发动侵略战争的重要依据。英国甚至据此调整对华方针，他们认为，与其在中国建设军事据点，不如在中国到处设立教堂，因为以教堂为掩护开展情报工作，既安全高效，又可避免麻烦。因为这个缘故，有人甚至发出"一个传教士抵得上一个营军队"的感叹。

不仅英国的传教士甘愿充当情报员，当英国发动侵略中国的恶行之后，其他西方国家的传教士也积极予以配合，主动向英军传递情报。鸦片战争期间，当英国侵略军进攻上海时，天主教南京主教法国人罗伯济多次乔装打扮成中国人，在夜间乘坐舢板船拜见英军司令璞鼎查，呈报南京教区及中国其他地方的政治、军事情报。德国传教士郭实腊也积极为英军提供情报，出谋划策，成为英军举足轻重的谋士。

除了西方列强之外，日本也大肆收集中国的情报，而且在甲午战争前后变得越发猖獗。自从明治政府建立之后，日本开始有意识地向中国秘密派遣间谍，不仅规模越来越大，而且越来越具有针对性。这些间谍四处出击，既为日本政府入侵中国探路，同时也充当了其侵略和扩张的急先锋。

池上四郎被认为是"近代日本遣华间谍之第一人"[1]。他1872年8月踏上中国领土，1873年8月返回日本，在中国秘密进行间谍活动长达一年之久。1872年8月8日，池上四郎一行3人由东京出发，途经上海，再转道烟台，再由烟台乘船北上，一个月之后，抵达了营口。在抵达营口之后，他们马不停蹄地开始收集情报，对东北的政治、经济、地理、物产、交通等情况，尤其是清朝军队的兵力和布防，都秘密而详细地展开调查，并一一做了详细的笔录。

川岛浪速是另一位以刺探中国情报著名的日本间谍。他曾在东京外语学校学习了多年汉语，后来受命潜入中国上海，大量刺探有关中国华东地区的海防情报。他略通兵书，又精于测绘，所获情报极受日本军部重视。很多人知道川岛芳子，这个著名的女间谍其实正是川岛浪速的养女。

荒尾精更是一位热衷于用间同时也在中国大肆窃取情报的日本巨谍。1886年春天，在川上操六的亲自安排下，当时已晋升为陆军中尉的荒尾精奉命潜入中国进行谍报工作。在上海，他得到了岸田吟香的大力支持，所建立的乐善堂汉口支店，成为华中地区日本间谍的核心机构，为日本输送了大量的情报。荒尾精成功招募了大批日本浪人，一盘散沙、各自流浪的日本浪人被捏合到一起，在中国各地疯狂收集情报。野心勃勃的荒尾精不久便以汉口为中心，在北京、天津、上海、长沙

---

① 戚其章：《甲午日谍秘史》，天津古籍出版社，2004，第7页。

和重庆开设了 5 个支部，在中国布置了一张严密的谍网。1889
年 4 月，荒尾精回到日本，将他在中国期间收集到的情报写成
一份《复命书》，呈递日军参谋本部。

在回国完成复命之后，荒尾精再次回到中国，在上海策划
成立了日清贸易研究所。这实际上就是一所新的间谍机构，打
着培养贸易人才的旗号悄悄地为日本培养间谍。截止到 1893
年 6 月，该研究所一共有 89 名学员毕业，此后分赴中国各地
展开间谍活动。上海当局对此事曾经也予以关注，曾向两江总
督刘坤一进行过报告："倭人在沪向设日清研究所，约七八十
人，五月以前陆续散去。闻多改作华装及僧服者，分赴京、
津、烟、江、浙、蜀、鄂、闽、台各处，芜湖尤多。"① 很显
然，从本质上看，日清贸易研究所就是由乐善堂衍生出的一个
新的间谍机构。

甲午战争期间，宗方小太郎曾冒死潜入威海卫军港进行侦
察，在行踪暴露后侥幸脱逃。他还曾协助荒尾精在上海开办日
清贸易研究所，培养间谍人才，同样在中国留下斑斑劣迹。荒
尾精在中国几个主要城市设立间谍机构，宗方小太郎担任北京
支部主任，主要负责刺探清朝中央政府的情报。1887 年，他
以学生的名义申请赴东北考察，尽管遭到李鸿章的明确反对，
但依然获得了总理衙门颁发的游历护照，堂而皇之地赶往东
北，大肆刺探重要军情。由此可见，他在清政府中一定建立了

---

① 中国近代史料丛刊续编《中日战争》第五册，上海人民出版社，
2000，第 7 页。

关系非同一般的内线。

根据荒尾精的指令，石川伍一受命到中国西南地区调查。之后，石川伍一撰写了一份详细的报告书，并配备了十分精密的地图，被日本军事当局当作珍贵的情报保存起来。由于这次成功的间谍活动，石川伍一被派往天津，担任日本武官关文炳的助手，继续在华北地区刺探情报，进而负责收集有关旅顺炮台的情报和有关黄海的重要水文资料，察看沿海主要岛屿的地形地貌，对大连、旅顺、威海卫等几个重要海港的要塞和形势都进行仔细探查，为日军大规模侵华做准备。当他在天津继续从事间谍活动时，行迹暴露，最终认罪伏法。

看到近代中国积贫积弱，日本作为一衣带水的邻邦，不仅不伸手援助，反而是"乘其弊而起"，对我国大量派遣间谍，大肆窃取中国的机密情报，将孙子"五间俱起"之术发挥到淋漓尽致，充分显示了其狼子野心。令人唏嘘的是，即便是身处危局，羸弱的清政府根本拿不出有效的应对办法，只能任人宰割，充分暴露出清政府的腐朽无能。

用间是直接为用兵服务的。日本近代以来对中国大肆进行间谍活动，其实就是在为其后的侵华战争做着积极的准备。1894 年，甲午战争爆发。日本由于此前针对中国进行了大量而深入的间谍活动，轻易掌握了包括北洋舰队在内的有关清军的机密情报，所以才能在战争中取得主动地位，为战争获胜增添了砝码，也为数十年后全面侵华战争做好了铺垫。

5　《间书》：古典谍战理论的总结

《间书》为清代晚期朱逢甲所撰。在《间书》中，作者论及大量古代间谍活动实例，试图借此探索用间方法，对古典谍报理论进行系统总结，希望统治者能以古代间谍活动作为借鉴，为"勘平"发挥作用。

在《间书》中，作者首先详细考订了历代典籍有关"间"的名称和沿革。在作者眼中，"用间"一词概念比较宽泛。除了孙子界定的那些"间谍"之外，他把侦察敌情、外交活动甚至情报示伪的谋略运用都称为"用间"。除此之外，他还把不用兵力、不借刀枪的斗智行为都纳入用间范围，从而扩大了传统意义上"用间"的内涵，使得《间书》在某些方面已经超越了孙子的《用间篇》，显示出其开阔的视野。我们甚至可以认为，朱逢甲所论用间，几乎就是今天情报工作的全部内容。

在历史上，不少儒家出身的知识分子始终将用间视为一种可耻行为，至少是不够光明正大，多报以鄙视。如果有人认为儒家所推崇的圣贤也曾经从事过间谍活动，那就被视为对圣人的诬蔑。对此，朱逢甲进行了针锋相对的反驳："殷之伊尹，圣之任者，拯民水火，即身为间，何伤？伯厚（按，王应麟之字）拘儒，识隘未化。孙子之言，当自有据，未可臆驳。"从这段话可以看出，朱逢甲认为，伊尹等人行间经历有事实依据，而不是凭空臆断，故此孙子才会列举论证。作者还认为，后人完全不必认为这是对伊尹等人的诬陷，对于他们救民于水火的壮举，反而应当予以充分肯定。

为了强调"用间"的作用，引导人们正确对待情报工作，《间书》采取了"以儒驳儒"的手法，历数儒家心目中的圣人事迹及儒家经典著作中关于情报工作的言论。

> 圣门高弟如子贡，尝用间以成功矣……子贡用间事见《家语》。（按，即《孔子家语》）
>
> 《太公六韬》亦重用间。……云：游士八人，主伺奸候变，开阖人情，观敌之意，以为间谍。
>
> 周公撰《周礼》，所言之"邦汋"。即间也。

朱逢甲指出，孔子的高足子贡也曾有过用间经历，儒家经典《周礼》也曾对间谍有过设官，所以，后人完全不必拘泥于儒家的仁义道德学说而对间谍投以鄙视的目光。

除了"以儒驳儒"之外，朱逢甲更进一步援引古代兵书的有关论述和大量用间史实，论述用间的重要性。

> 古兵书若《孙子》《吴子》皆重用间。必用间，乃能先知敌情，必用间，乃能离散敌众也。
>
> 古名将若李牧、信陵、韩信、李光弼之伦，亦皆重用间。
>
> 古名将之遇名将也，用间者胜。若秦白起之与赵廉颇遇，皆名将也，秦用间，则秦胜矣。秦王翦之与李牧遇，

亦皆名将也，秦又用间，则秦又胜矣。

古代兵书重视用间，使之成为兵学理论的重要组成部分，古代名将重视用间，也多因此而取得卓越战功，间谍的重要性不言自明。朱逢甲上面所举的这些历史人物和历史典故，都堪称经典，都足以说明间谍的重要性。其中有些可称为历史经验，而有些则可称为历史教训，总之，今天读来依然可以引人深思。

《间书》固然大量援引用间案例，但是它并不像《册府元龟》等书那样只是简单的史料堆砌，而是以孙子的"五间"为纲，精选富有新意、具有独创性的案例，分别排列在各种用间方法之下。这些案例，形形色色，生动活泼，新颖独到，为后人进一步研究中国古代谍战史提供了重要素材。

由此出发，《间书》强调了军事斗争中间谍的地位和作用。作者指出：

> 用兵贵知己知彼。而欲知彼，则必用间乃能知。且知，贵知之于事先。敌将至得为备，故非至得毋恐。
>
> 进退之当，全在使间一视。今之军行进止，可不间视哉？欲知虚实，在先用间。

这些论述，有些继承了《孙子·用间篇》的思想，从"知彼知己"等词语的引用上，足以看出这一点。然而朱逢甲对间谍地位和作用的强调，却有过犹不及之嫌。朱逢甲认为，当财政不足以支持战争的消耗、军队惧战、士兵没有战斗力的时候，"用间可以擒贼王"，从而可以做到"不战而屈人之兵"。显然，这种以用间来包办一切的看法，有点过于理想化，并不现实。

自《孙子》问世之后，中国历代兵书大抵沿着"祖述孙子"的道路前进，《间书》也不例外，理论框架受到《孙子·用间篇》很大影响。首先，《间书》节录了孙子有关用间的重要性的论述，强调军事斗争必须用间；其次，《间书》对大量史实资料的分类，所遵循的依然是孙子的"五间"说，即把各种谍报活动分为乡间、内间、反间、死间、生间五类；最后，朱逢甲以具体事例论证了间谍战中"保密"和"厚赏"两项重要政策。

《间书》祖述《孙子·用间篇》，有一定的客观原因。封建社会的战争长期处于冷兵器时代，相应地，用间及秘密工作是军事领域中保留传统最多的一个领域。正因如此，《间书》与《孙子》虽则在时间上相距 2500 年之遥，仍然具有一些共性，而且也不妨碍朱逢甲依照孙子的理论阐述自己的用间理论。

当然，朱逢甲并没有停留在《孙子·用间篇》的阶段止步不前。从《间书》中我们可以看出，朱逢甲有述有作，也有自己的发展。如前所述，朱逢甲以儒驳儒，继承和捍卫了《孙子》重视用间的思想，强调和突出了用间的重要性，对于考订源流等方面也做出了重要成就，对于用间内涵也做了最大范围的拓展。除此之外，他还十分强调了巧于用间的重要性。

正是由于朱逢甲特别注重巧于用间，我们在他的书中并不能看到多少书卷气。很显然，朱逢甲并不津津乐道于情报理论的分析和探讨。他所强调的是实践，讲究的是"经世致用"，注重依靠用间来赢得战争，故此他特别强调用间方法的灵活性，推崇的是各种用间方法的"神明变化而用之"，反对的是读古人兵书而"刻舟求剑"。

朱逢甲指出："良医不执古方，断无不悟古方之妙。国手不拘弈谱之奇，而实能参弈谱之奇。儒将不泥兵书，为能深解兵书之奥。"因此，他提倡创造性地运用各种间法，即便是《李卫公兵法》中论述的重金收买、拉拢利诱、曲情尊奉、观言察色、暗中潜听等手段，也被他认为"非用间之深"者。作为一部谍战史话式的兵书，《间书》没有在谍战史的分期等方面占用大量篇幅，朱逢甲却以巧于用间为标准，列举各种"千变万化、微乎其微"的谍报案例。因此《间书》的灵魂其实就是"巧于用间"。这该是《间书》对后人的最大启发。

围绕一个"巧"字，朱逢甲爬梳史料，广征博引，详列用间之秘策，力图实现自己写作这部独特兵书的目的："用间之法，略备于斯。"

首先，朱逢甲援引《孙子·用间篇》及后人的注释，对乡间、内间、反间、死间、生间分条做了说明，并认为孙子的"五间"说最为精微详尽。其后，作者又列举了《李卫公兵法》提出的用间之道。一是"因邑人"，即派遣在敌方有同乡的谍员深入敌方了解情况。二是"因仕子"，即利用对方的官僚弟子，故意泄露假情报给他，让他传给敌人。三是"因敌使"，即向敌方的使节暴露假情况，让他带回去。四是"择贤能"，即选择可靠而有能耐的人前往敌方了解情况。五是"缓罪戾"，即故意释放犯人，向他泄露我方的虚假意图，让他逃往敌方报告敌人。这五种用间方法，在作者看来可与孙子的"五间"互为表里，因"邑人"即乡间，因"仕子"即内间，"因敌使"即反间，"择贤能"即生间，"缓罪戾"即死间。

此外，《间书》还举例说明了《李卫公兵法》提出的"间君""间亲""间能""间助""间邻""间左右""间纵横"等用间方法，从而几乎集中了《孙子》和《李卫公兵法》所论述的种种用间之道。《孙子》的"五间"是从派出执行侦察和谍报任务的人来分类的，而《李卫公兵法》中的"间君""间亲""间能"等则是从情报间谍人员所策反的敌国敌军的对象来分类的。朱逢甲则追求更为全面的用间方法，故此主张对于这些间法要"神明变化而用之"。

史话编辑部

图书在版编目（CIP）数据

古代谍战史话/熊剑平著. —北京：社会科学文献
出版社，2015.9
（中国史话）
ISBN 978 - 7 - 5097 - 7308 - 6

Ⅰ.①古…　Ⅱ.①熊…　Ⅲ.①间谍 - 情报活动 -
史料 - 中国 - 古代　Ⅳ.①D691.6

中国版本图书馆 CIP 数据核字（2015）第 063340 号

"十二五"国家重点图书出版规划项目

中国史话·文化系列
古代谍战史话

著　　者/熊剑平

出 版 人/谢寿光

项目统筹/黄　丹　王玉霞　　责任编辑/王　敏　孙以年

出　　版/社会科学文献出版社·史话编辑部（010）59367143
　　　　　　地址：北京市北三环中路甲 29 号院华龙大厦　邮编：100029
　　　　　　网址：www. ssap. com. cn
发　　行/定制出版中心（010）59366509　59366498
　　　　　　市场营销中心（010）59367081　59367090
　　　　　　读者服务中心（010）59367028

印　　装/三河市尚艺印装有限公司
规　　格/开　本：889mm×1194mm　1/32
　　　　　　印　张：5.375　字　数：114 千字
版　　次/2015 年 9 月第 1 版　2015 年 9 月第 1 次印刷
书　　号/ISBN 978 - 7 - 5097 - 7308 - 6
定　　价/25.00 元